Colin Urquhart

BITTE UND EMPFANGE

PROJEKTION J VERLAG GMBH, HOCHHEIM

1. Auflage 1985
2. Auflage 1986
3. Auflage 1986

Titel der Originalausgabe:
Anything You Ask

© by Colin Urquhart
Published by Hodder & Stoughton, London, England

© der deutschen Ausgabe 1985 by Projektion J Verlag GmbH, Hochheim
ISBN 3-925352-00-7

Übersetzung: Jutta Suthau
Umschlaggestaltung: Wepler & Burfeind, Hamburg
Herstellung: Heinzelmann Druckservice, Metzingen

*Mit Danksagung
für die kostbare Gabe
des Heiligen Geistes,
der in Gottes Kindern
den Glauben erweckt*

Dank

Gern bringe ich meinen Dank an alle die zum Ausdruck, die Gott in meinem Leben gebraucht hat, meinen Glauben an ihn zu stärken. Es ist mein Gebet, daß er dieses Buch gebrauchen wird, um in anderen Menschen den Glauben zu festigen und zu vergrößern – und ich weiß, daß Gott dieses Gebet erhören wird!
Ich preise den Herrn für meine Frau Caroline und meine Kinder Claire, Clive und Andrea. Ich bin dankbar für all ihre Liebe und für die Ermutigung, die sie mir beim Schreiben dieses Buches gegeben haben. Mein Dank geht auch an Vivienne, die alles mit der Schreibmaschine geschrieben hat, an Maureen für all ihre Hilfe und an George, dessen hilfreiche Vorschläge ich sehr geschätzt habe.

Die Bibel-Zitate in diesem Buch wurden mit mehreren (gekennzeichneten) Ausnahmen der revidierten Luther-Bibel entnommen.

Inhalt

Kapitel 1	Eine unglaubliche Verheißung?	7
Kapitel 2	Ein rechtschaffener Mann	11
Kapitel 3	Der Vater des Glaubens	15
Kapitel 4	Mein eigenes Volk	21
Kapitel 5	Schreckliches Versagen	26
Kapitel 6	Der bessere Weg	30
Kapitel 7	Das Ende der Trennung	35
Kapitel 8	»Herr, ich komme«	41
Kapitel 9	Der Heilige Geist	49
Kapitel 10	Das Wort	56
Kapitel 11	Der Gott der Verheißung	61
Kapitel 12	Alte Verheißungen	66
Kapitel 13	Eine neue Verheißung	70
Kapitel 14	Erwählt und berufen	74
Kapitel 15	Habt Glauben	77
Kapitel 16	Berge versetzen	81
Kapitel 17	Das Gebet des Glaubens	87
Kapitel 18	Es wird euch zuteil werden	94
Kapitel 19	In meinem Namen	103
Kapitel 20	Was ihr wollt	106
Kapitel 21	Jede Not	111
Kapitel 22	Der heilende Herr	117
Kapitel 23	Das heilende Kreuz	123
Kapitel 24	Frei werden	129
Kapitel 25	Glaubst du?	135
Kapitel 26	Die Botschaft des Glaubens	140
Kapitel 27	Im Geben empfängst du	147
Kapitel 28	Gutes Land	154
Kapitel 29	Das Herz der Sache	157
Kapitel 30	Lobpreis	163
Kapitel 31	In großer Not	171
Kapitel 32	Die Familie des Glaubens	176
Kapitel 33	Eine aufregende Zukunft	182
	Anhang	188

Kapitel 1
Eine unglaubliche Verheißung?

Wir saßen gerade gemütlich beim Kaffeetrinken, als wir Schreie hörten. Einer der Jungen kam in die Küche gestürzt: »Pa, ein Unfall!« Charles hörte den Rest nicht mehr, er rannte aus dem Haus und über den Hof, Joyce dicht hinter ihm.

Caroline und ich wohnten bei Charles und Joyce und ihrer Familie, während ich einige Tage in Cornwall predigte. Am Abend zuvor hatte ich über die Verheißungen Jesu, die das Gebet betreffen, gesprochen und darüber, was es bedeutet, mit Glauben zu beten und zu wissen, daß Gott einen erhören wird.

Wir waren schon im Gebet, als Charles die zehnjährige Joanna ins Zimmer trug. Die Kinder hatten in der Garage Blei geschmolzen, um es in Formen zu gießen und Weihnachtsgeschenke daraus zu machen. Eines von ihnen ließ ein kaltes Stück Metall in den Behälter fallen, so daß etwas von dem geschmolzenen Gemisch in Joannas Gesicht spritzte.

Von dem geschmolzenen Blei war etwas in beide Augen gelangt. Kannst du dir vorstellen, wie geschmolzenes Blei auf die Augen wirkt?

Joannas Mutter brauchte nahezu vierzig Minuten, um alle Metallstücke zu entfernen. Während dieser Zeit beteten wir alle, still und laut, mit Joanna und für sie. Aber die ganze Zeit dankten wir dem Herrn, daß die Augen keinen Schaden leiden würden, und priesen ihn für seine Heilung.

Offensichtlich litt Joanna sehr. Sobald das Metall aus ihren Augen entfernt war, baten wir deshalb den Herrn, ihr einen guten Schlaf zu geben, damit sie nach einer solchen Erfahrung nicht unter einem längeren Schock leiden müßte.

Sie schlief, und um fünf Uhr nachmittags trank sie bereits wieder Tee mit uns. Ihre Augen waren nicht einmal blutunterlaufen! Und später wurde bestätigt, daß ihre Augen überhaupt nicht verletzt waren.

So erhört unser liebevoller himmlischer Vater die Gebete seiner Kinder.

Wird er mich erhören?

Fast jeder betet – zumindest gelegentlich, wenn man sich verzweifelt genug fühlt. Wenn die Lage so düster wird, daß Gott der letzte Ausweg ist.

Für Christen ist das Gebet eine Lebensform – oder sollte es sein. Und doch ist es für viele eine stumpfsinnige Routinesache, für andere eine Übung, der Kraft oder Realität fehlt.

»Hört Gott mich wirklich?«
»Warum antwortet er nicht?«
Solche Fragen sind das Symptom für eine tieferliegende Unruhe:
»Liebt Gott mich?«
»Wie kann ich sicher sein, daß er mich liebt?«
»Sorgt er sich um meine Probleme?«

Diese und andere Unsicherheiten machen es fast unmöglich, mit Glauben zu beten, mit der Überzeugung und Erwartung, daß Gott antworten wird. Viele fühlen sich so hoffnungslos über ihre Unzulänglichkeit im Gebet, daß der Schrei ihres Herzens zum Echo des Schreis der Jünger Jesu wird: »Herr, lehre uns beten!«

Die Verheißung Jesu

Jesus sagte zu seinen Jüngern: »Was ihr mich bitten werdet in meinem Namen, das will ich tun« (Joh. 14,14). WAS IHR MICH BITTEN WERDET!

Und er gibt die Verheißung: »Das will ich tun.« Er sagt nicht, »vielleicht tue ich es« oder »möglicherweise«, nicht »ich kann« oder »ich könnte«, sondern: »ICH WILL ES TUN«.

Auf den ersten Blick scheinen diese Worte von der Realität zu weit entfernt zu sein, als daß man sie glauben könnte. Und doch – Jesus sprach diese und viele ähnliche Worte, um dich zu lehren, daß Gott dir geben möchte, »WAS DU BITTEST«.

Wenn ich Kirchenbesucher frage, ob sie beten, dann bejahen das die meisten. Aber wenn ich weiter nachfrage, ob Gott tut, was sie auch immer von ihm erbitten, stoße ich auf verlegenes Schweigen oder sogar auf Lachen über die bloße Idee. Anscheinend sagt man: »O ja, wir beten – aber was für eine Einbildung, von Gott zu erwarten, daß er alles tut, worum wir bitten!«

Und doch ist es genau das, was Jesus verheißt. Vieles, was er über das Gebet sagt, zeigt, daß er seinen Vater als großzügigen Geber kennt, als einen, der seine Kinder so sehr liebt, daß er sie beschenken *will.*

Daher ist es um so merkwürdiger, daß viele Christen nicht den Anschein erwecken, daran zu glauben, daß er bereit ist, ihnen zu geben, was immer sie erbitten. Manche scheinen mehr darauf bedacht zu sein, Gründe zu entdecken, warum Gott sie nicht erhören und ihre Bedürfnisse stillen sollte. Gründe – oder Ausreden.

Jesus möchte, daß wir ein bittendes Volk sind. Und wenn wir beten sollen wir wissen, daß wir alles *erwarten* können, *was immer* wir auch erbitten. Er möchte, daß seine Kirche ein GLAUBENS-VOLLES Volk ist! Er sehnt sich danach, den Glauben zu sehen, der sein Wirken im Leben des einzelnen freisetzen kann. Er spricht Verheißungsworte, damit wir sie glauben, denn er ist der treue Gott, der sein Wort hält – er hat es immer gehalten und wird es immer halten.

Hier sind drei Fragen, die du dir stellen solltest:

»Wie kann sich die Verheißung Jesu in meinem Leben erfüllen?«
»Wie kann ich wissen, daß, wenn ich Jesus um IRGEND ETWAS bitte, er es tun WIRD?«
»Wie kann ich beten und positive Ergebnisse erzielen?«

Das Dach auf dem Haus

Die Antwort auf solche Fragen ist wie das Dach auf einem Haus. Du mußt zuerst das Haus bauen, bevor du das Dach aufsetzen kannst. Und bevor du das Haus baust, brauchst du ein festes Fundament, nämlich die Worte Jesu:

Wer zu mir kommt und hört meine Rede und tut sie – ich will euch zeigen, wem er gleicht. Er gleicht einem Menschen, der ein Haus baute und grub tief und legte den Grund auf Fels. Als aber eine Wasserflut kam, da riß der Strom an dem Haus und konnte es nicht bewegen; denn es war gut gebaut (Lukas 6,47f.).

Wenn dein Leben fest auf dem Glauben an die Worte Jesu gegründet ist, dann ist es egal, was für ein Sturm ausbricht, mit welchen Schwierigkeiten du konfrontiert wirst oder wie ausweglos die Lage wird. Denn du wirst sehen, wie er dich hindurchträgt zu Frieden und Freude und zum Sieg über all diese bedrückenden Umstände. Du wirst erkennen: der eine, zu dem wir beten, ist der Gott, der treu ist. »Ich will dich nicht verlassen noch von dir weichen« (Josua 1,5).

Jesus warnt jedoch:

Wer aber hört und nicht tut, der gleicht einem Menschen, der ein Haus baute auf die Erde, ohne Grund zu legen; und der Strom riß an ihm und es fiel gleich zusammen, und sein Einsturz war groß (Lukas 6,49).

Die Leute meinen oft, sie haben Glauben – nur um zu entdecken, wie zerbrechlich dieser Glaube ist, wenn er unter Druck gesetzt wird. Sie haben nie ›tief gegraben‹ und das Fundament ihres Lebens auf Fels gelegt. Wenn die Zeiten härter werden, wissen sie nicht mehr, was oder wem sie glauben sollen – geschweige denn, wie sie beten können. Die Vorstellung, daß sie Jesus um etwas bitten *und es erhalten* können, scheint völlig unmöglich zu sein.

Tief graben

Wir werden jetzt darangehen, in der Bibel zu graben, um ein festes Fundament zu legen, das niemals weichen wird – egal, welchem Druck wir ausgesetzt werden. Wir werden ›tief graben‹, damit Gott in uns einen Glauben erwecken kann, der nicht erschüttert werden wird.

Am Ende eines jeden Kapitels wird für dich ein Glaubenswort aus der Bibel stehen. Das sind Worte, die Gott zu DIR spricht. Sage sie dir immer wieder vor, bis sie ein Teil von dir werden.

Dein Glaubenswort:
»Was ihr mich bitten werdet in meinem Namen, das will ich tun.«

Kapitel 2
Ein rechtschaffener Mann

Gott möchte ein Volk für sich haben, sein eigenes Volk. Ein Volk, das ihm gehört – nicht etwa, weil er besitzgierig wäre, sondern weil er es beschenken will. Er möchte ein Volk, um es zu lieben.

Die Auflehnung, Sündhaftigkeit und der Ungehorsam der Menschen hatten es ihnen jedoch unmöglich gemacht, die Beziehung zu Gott zu genießen, die er im Sinn gehabt hatte. Sie hatten auch all das nicht empfangen können, was er ihnen hatte geben wollen. Das betrübte Gott.

Als aber der Herr sah, daß der Menschen Bosheit groß war auf Erden und alles Dichten und Trachten ihres Herzens nur böse war immerdar, da reute es ihn, daß er die Menschen gemacht hatte auf Erden, und es bekümmerte ihn in seinem Herzen (Gen. = 1. Mose 6,5 f.).

So beschloß Gott: »Ich will die Menschen, die ich geschaffen habe, vertilgen von der Erde.« Ein Mann aber, Noah, »fand Gnade vor dem Herrn«. Er wird als ein »gerechter, untadeliger Mann unter seinen Zeitgenossen« beschrieben: der einzige Mann, der bei Gott einen guten Ruf hatte.

Obwohl »die Erde verderbt war vor Gottes Augen und voller Frevel«, wollte er keinen rechtschaffenen Mann zum Tode verurteilen. Noah allein war darum bemüht, ein Mann Gottes zu sein, und seine Treue wurde belohnt. Gott wollte sein Volk retten, aber jeder war zu sehr mit seinen eigenen Angelegenheiten beschäftigt, um sich um Gott oder um seine Rettung zu kümmern.

Aus seiner Beziehung zu Gott heraus hörte Noah sein Gebot, eine Arche zu bauen. Gott wollte »eine Sintflut kommen lassen auf Erden, zu verderben alles Fleisch, darin Odem des Lebens ist, unter dem Himmel. Alles, was auf Erden ist, soll untergehen« (Gen. 6,17).

Das klingt gar nicht nach einem Gott der Liebe, sondern eher nach einem Gott der Zerstörung! Und doch sollte Gott inmitten dieser Verwüstung seine Bereitschaft zu lieben und zu retten zeigen. Seine Absicht ist nicht zu vernichten, sondern Leben zu schenken. Aber genau wie du möchte auch Gott das Ende alles Bösen und aller Lieblosigkeit in seiner Schöpfung sehen. Er ist der Gott der Gerechtigkeit, und Paulus sollte Tausende von Jahren nach Noahs Geschichte schreiben: »Der Tod ist der Lohn der Sünde.« Gott zeigt dem Menschen die fürchterlichen und schrecklichen Auswirkungen von Auflehnung, Sünde, Ungehorsam und Selbstsucht. Sie führen zwangsläufig zum Untergang, anstatt zu der Liebe, der Freude und dem Frieden, die Gott seinem ganzen Volk schenken möchte.

Ein verbindliches Abkommen

Gott sagt also zu Noah, seinem treuen Diener:

Aber mit dir will ich meinen Bund aufrichten, und du sollst in die Arche gehen mit deinen Söhnen, mit deiner Frau und mit den Frauen deiner Söhne. Und du sollst in die Arche bringen von allen Tieren, von allem Fleisch, je ein Paar, Männchen und Weibchen, daß sie leben bleiben mit dir (Gen. 6,18 f.).

Hier bringt Gott seine Absicht zur Sprache, mit Noah einen Bund zu schließen. Ein Bund ist eine Vereinbarung, ein rechtsgültiger Vertrag, ein feierliches Versprechen, ja sogar ein Handel. Gott hat es nicht nötig, irgendeine Vereinbarung dieser Art zu treffen – er entschließt sich freiwillig dazu.

Zuerst muß Noah Gottes Anweisungen gehorsam erfüllen. »Und Noah tat alles, was ihm der Herr gebot« (Gen. 7,5).

Gott für seinen Teil rettet Noah und seine Familie vor der Flut und schließt dann mit seinem Diener diesen Bund, den er versprochen hatte.

Und ich richte meinen Bund so mit euch auf, daß hinfort nicht mehr alles Fleisch verderbt werden soll durch die Wasser der Sintflut und hinfort keine Sintflut mehr kommen soll, die die Erde verderbe (Gen. 9,11).

Gott gibt Noah sein Wort, das er niemals brechen wird. Und der Regenbogen dient als Zeichen dieses Bundes, als ständige Mahnung. Schon an den ersten Beziehungen Gottes mit den Menschen sehen wir, daß er sich freiwillig zu einem Bündnis verpflichtet – sich verpflichtet, den ewigen Bund zu schließen und aufrechtzuerhalten, »den ich aufgerichtet habe zwischen mir und allem Fleisch auf Erden« (Gen. 9,17).

Die Bedingungen dieses frühen Bundes sind einfach. Gott verspricht, die Verwüstung durch die Flut nicht zu wiederholen. Er hat die furchtbaren Konsequenzen von Auflehnung, Sünde und Ungehorsam demonstriert, und in der Errettung von Noah und seiner Familie hat er seine Liebe und Treue erwiesen, mit der er die rettet, die in seinen Augen gerecht sind und ihm gehorchen.

Vor allem zeigt Gott, daß er sich nicht scheut, sich in einem verbindlichen Bündnis oder Abkommen mit dem Menschen festzulegen – ein Wort, das nicht gebrochen werden kann!

Wo du stehst

Gott will auch heute noch ein Volk für sich selbst, sein eigenes Volk, und er möchte, daß du ein Glied dieses Volkes bist – jemand, der weiß, daß er zu ihm gehört. Er möchte, daß du ihm gehörst, damit er aus seiner Liebe zu dir heraus dich beschenken kann, um jedes Bedürfnis in deinem Leben zu stillen.

Du bist wie Noah umgeben von Gewalt und Verderben, und vielleicht kannst du nicht verstehen, wie Gott seine Schöpfung lieben kann, oder warum er nicht mehr tut, um die Probleme der Welt zu lösen.

Vielleicht spürst du Ärger und Auflehnung gegen Gott in deinem Herzen, weil du glaubst, er habe dich rauh behandelt. Du magst dich so mit Schuld beladen fühlen, daß du keine Möglichkeit siehst, jemals mit Gott in Ordnung zu kommen, oder nicht einsiehst, warum er bereit sein sollte, dir irgend etwas zu geben.

Vielleicht bist du schon jahrelang Christ und bist doch in deinen Gebeten noch nie ›durchgebrochen‹, bist noch nie zu der Gewißheit gekommen, daß Gott dich erhören wird.

Gott möchte dir zeigen, daß er dich wirklich liebt. Er kümmert sich so sehr um dich, daß er dir in jedem notvollen Bereich deines Lebens begegnen möchte. Er möchte, daß du frei von Ärger, Schuld und Zweifel bist. Er möchte, daß du frei bist, ihn zu lieben und mit Glauben zu beten, in der Gewißheit, daß deine Gebete erhört werden.

In diesem Buch wird er dir zeigen, wie du glauben und ihm vertrauen kannst, wie du beten und die Antworten bekommen kannst, die du brauchst. Er möchte, daß du ein Teil seines Bundesvolkes bist, das seine Treue und Großzügigkeit genießt – sogar dann, wenn die Lage äußerst hoffnungslos erscheint.

Noahs Glaube

Noah war ein Mann von großem Glauben. Aus seiner persönlichen Beziehung zu Gott heraus hört er den Herrn und glaubt den Worten, die er zu ihm spricht.
   Gott Glauben schenken heißt, seinen Worten gemäß handeln. Es heißt nicht nur hören oder zustimmen, sondern TUN! Es heißt, sie in deinem Leben zur Auswirkung zu bringen.

Durch den Glauben hat Noah Gott geehrt und die Arche zubereitet zur Rettung seines Hauses, da er ein göttliches Wort empfing über das, was man noch nicht sah (Hebr. 11,7).

Dieser Glaube wurde umfassend bestätigt, wie die nachfolgenden Ereignisse beweisen sollten.
   Wenn wir mit Glauben beten sollen in der Gewißheit, daß Gott ALLES für uns tun wird, worum wir bitten, dann werden wir glauben müssen, was Gott sagt, und bereit sein, nach seinen Worten zu handeln. Das sollte für uns einfacher sein als für Noah. Er mußte ganz allein auf Gott hören und glauben, daß es tatsächlich die Stimme Gottes war, die er hörte, bevor er diese Worte ausführen konnte. Wir haben den Vorteil, die Bibel zu besitzen: Gottes Wort, das er zu seinem Volk gesprochen hat über Tausende von Jahren hinweg – die Offenbarung dessen, wer er ist, und was seine Absichten sind.
   Wann immer wir Gott reden hören wollen, brauchen wir uns nur den Seiten der Schrift zuzuwenden, wo wir Worte entdecken, die noch weit ungewöhnlicher sind als die, die Noah hörte. Denn Gottes Verheißung an sein ganzes Bundesvolk heute ist: »Was ihr mich bitten werdet in meinem Namen, das will ich tun.«
   Und das ist nur ein kleiner Teil dessen, was er in seiner überfließenden und liebevollen Großzügigkeit verheißt!

Dein Glaubenswort:
»Er tat alles, was ihm der Herr gebot.«

Kapitel 3
Der Vater des Glaubens

Wir modernen Menschen beschäftigen uns gerne mit Tatsachen. Man überreiche uns eine Reihe von Fakten, und wir wissen, woran wir sind. Wir sind Versprechungen gegenüber sehr mißtrauisch geworden. Wir sind zu sehr an Politiker mit verlockenden Aussagen gewöhnt, die im besten Falle kühne Hoffnungen sind, im ungünstigsten Falle aber bewußte Irreführung.

Von frühester Kindheit an lernen wir, Versprechen zu mißtrauen. Menschliche Wesen finden es leicht, etwas zu versprechen, aber viel schwerer, es auch zu halten. Wenn wir erwachsen werden, treten wir in eine Welt ein, die nicht von Versprechen bestimmt ist, sondern von rechtsgültigen Verträgen und verbindlichen Abmachungen, oft mit strafandrohenden Klauseln für den Fall, daß die Bedingungen nicht erfüllt werden. Alles muß nach Schema F vorgefertigt sein.

Gott hingegen zog es vor, im Leben seiner Leute zu wirken, indem er sie bittet, an eine Serie von Verheißungen zu glauben, die er ihnen gibt. Aber er ist kein menschlicher Politiker oder ein wohlmeinender, jedoch unzuverlässiger Vater. Im Gegenteil, er steht zu seinem Wort – immer.

Er steht so sehr zu seinem Wort, daß er sich nicht scheut, diese Verheißungen in einen rechtsgültigen Vertrag aufzunehmen, in ein Bündnis.

Abraham

Und der Herr sprach zu Abram: Geh aus deinem Vaterland und von deiner Verwandtschaft und aus deines Vaters Hause in ein Land, das ich dir zeigen will. Und ich will dich zum großen Volk machen und will dich segnen und dir einen großen Namen machen, und du sollst ein Segen sein. ... Da zog Abram aus, wie der Herr zu ihm gesagt hatte... (Gen. 12,1f.+4).

Abraham war ein Nomade ohne Heilige Schriften oder eine Kirche, die ihn hätten unterweisen können. Und doch – wie auch Noah hört er aus der Einfachheit seiner persönlichen Beziehung zu Gott heraus den Herrn sprechen. Und er weiß genug von Gott, um jede Widerrede zu unterlassen. Wenn Gott sagt: »Steh auf und geh!«, dann stehst du auf und gehst!

Das ist ein gutes Beispiel für den Glauben, der nicht nur hört und für wahr hält, was Gott sagt, sondern auch *bereit ist, danach zu handeln.*

Gott verspricht, Abraham zu segnen. Das bedeutet, daß Gott für ihn sorgen, ihn beschenken und reich machen wird. Er wird Abraham zu ›einem großen Volk‹ und zum Segen für andere machen.

Abraham für seinen Teil hat Gott zu gehorchen und an die Verheißungen zu glauben, die er bekommen hat.

Durch den Glauben wurde Abraham gehorsam, als er berufen wurde, in ein Land zu ziehen, das er erben sollte; und er zog aus und wußte nicht, wo er hinkäme (Hebr. 11,8).

Er würde glauben müssen, daß Gott ihn führen und seine Verheißungsworte erfüllen würde.

Der Bund

Der Herr hielt sein Wort und gab Abraham das Land der Verheißung. Aber wie konnte er ein großes Volk aus ihm machen, wenn er von seiner Frau Sara keine Kinder hatte?

Gottes Antwort war, mit ihm einen Bund zu schließen.

Als nun Abram neunundneunzig Jahre alt war, erschien ihm der Herr und sprach zu ihm: Ich bin der allmächtige Gott; wandle vor mir und sei fromm. Und ich will meinen Bund zwischen mir und dir schließen und will dich über alle Maßen mehren. Da fiel Abram auf sein Angesicht. Und Gott redete weiter mit ihm und sprach: Siehe, ich habe meinen Bund mit dir, und du sollst ein Vater vieler Völker werden. Darum sollst du nicht mehr Abram heißen, sondern Abraham soll dein Name sein; denn ich habe dich gemacht zum Vater vieler Völker. Und ich werde dich sehr fruchtbar machen ... Und ich will aufrichten meinen Bund zwischen mir und dir und deinen Nachkommen von

Geschlecht zu Geschlecht, daß es ein ewiger Bund sei, so daß ich dein und deiner Nachkommen Gott bin (Gen. 17,1—7).

Solche Verheißungen müssen diesem alten Mann fast unmöglich zu glauben erschienen sein. Und doch — wer kann Gott daran hindern, das zu tun, was er ankündigt — vor allem, wenn die gegebenen Verheißungen Teil eines Bundes sind, eines verbindlichen Abkommens zwischen Gott und seinem Volk?

Abrahams Teil des Abkommens, den er zu erfüllen hatte, lautete: »Wandle vor mir und sei fromm.« Um den Beginn der Bundes-Beziehung zu kennzeichnen, bekommt er einen neuen Namen: Abraham — was »Vater einer großen Menge« bedeutet. Und das Zeichen dieses Bundes mit Abraham und seinen Nachkommen war die Beschneidung. Durch diesen Akt sollten sie geloben, Gottes gehorsames Volk zu sein, und Gott würde ihnen treu sein, indem er seine gegebenen Verheißungen erfüllt.

Keine lächerliche Sache

Gott ist noch nicht zum Ende seiner Verheißungen an Abraham gekommen. Er sagt, daß seine Frau Sara ihm einen Sohn gebären werde. Was für eine lachhafte Idee!

Da fiel Abraham auf sein Angesicht und lachte und sprach in seinem Herzen: Soll mir mit hundert Jahren ein Kind geboren werden, und soll Sara, neunzig Jahre alt, gebären? (Gen. 17,17)

Als Sara später die Neuigkeit hörte, lachte auch sie.

Da sprach der Herr zu Abraham: Warum lacht Sara und spricht: Meinst du, daß es wahr sei, daß ich noch gebären werde, die ich doch alt bin? Sollte dem Herrn etwas unmöglich sein? (Gen. 18,13f.)

Die Dinge, die Gott verheißt, mögen zuerst unglaublich erscheinen. Du wirst in Versuchung kommen, sie wie die Aussagen von Politikern zu behandeln: »Wenn es doch wahr wäre! Wie anders wäre dann das Leben!« Aber nur wenn du anfängst, nach Gottes Verheißungen zu handeln, wirst du entdecken, daß sie wahr sind und daß SIE FÜR DICH SIND! Menschen sind fehlbar, sie versagen ständig.

Gott ist der Allmächtige und versagt nie. »Sollte dem Herrn etwas unmöglich sein?«

Abraham und Sara dachten beide zuerst, Gottes Verheißung sei nicht zu glauben. Dann aber hatten sie Zeit, darüber nachzudenken, wer es war, der die Verheißung gegeben hatte – der eine, der immer sein Wort hält:

Durch den Glauben empfing auch Sara, die unfruchtbar war, Kraft, Nachkommen hervorzubringen trotz ihres Alters; denn sie hielt den für treu, der es verheißen hatte (Hebr. 11,11).

Und der Herr suchte Sara heim, wie er gesagt hatte, und tat an ihr, wie er geredet hatte (Gen. 21,1).

Das ist das Bemerkenswerte bei Noah, Abraham und Sara: In Gottes Umgang mit ihnen entdeckten sie in ihm den Gott, der seinen Verheißungen treu bleibt. Er hielt sein Wort, auch wenn es unmöglich erschien. Wenn Gott es sagte, DANN GESCHAH ES.

Kostbares hergeben

Abraham und Sara wurde Isaak geboren, wie Gott versprochen hatte. Aber die Glaubensprüfungen waren für Abraham noch lange nicht vorbei. Isaak war der eine, durch den Gottes große Verheißungen an Abrahams Nachkommen erfüllt werden sollten. Ohne ihn würde es keine Nachkommen geben. Und doch sagt Gott zu Abraham:

Nimm Isaak, deinen einzigen Sohn, den du liebhast, und geh hin in das Land Morija und opfere ihn dort zum Brandopfer auf einem Berge, den ich dir sagen werde. Da stand Abraham früh am Morgen auf und gürtete seinen Esel und nahm mit sich zwei Knechte und seinen Sohn Isaak und spaltete Holz zum Brandopfer, machte sich auf und ging hin an den Ort, von dem ihm Gott gesagt hatte (Gen. 22,2f.).

Diese stille Ergebenheit! Was hätte es für einen Sinn, mit dem allmächtigen Gott zu streiten? Nahm er nun sein Wort zurück? Nein. Niemals. Abraham wußte, daß Gott immer noch seine Verheißungen in bezug auf seinen Sohn erfüllen würde.

Durch den Glauben opferte Abraham den Isaak, als er versucht wurde, und gab den einzigen Sohn dahin, als er schon die Verheißung empfangen hatte und ihm gesagt worden war: »Was von Isaak stammt, soll dein Geschlecht genannt werden.« Er dachte: Gott kann auch von den Toten erwecken (Hebr. 11,17−19).

Gott hatte sein Wort gegeben. Gott hatte mit Abraham einen Bund gemacht, ein verbindliches Abkommen, das er niemals brechen würde. Wenn Isaak als Brandopfer dargebracht werden sollte, dann würde Gott ihn auch irgendwie wieder zum Leben erwecken, damit seine Verheißungen erfüllt würden.

So sah Abrahams Glaube aus, weil er die Treue Gottes kannte.

Der Engel des Herrn gebietet Abraham im letzten Moment, Isaak nicht zu verletzen und überbringt die Botschaft:

»Ich habe bei mir selbst geschworen, spricht der Herr: Weil du solches getan hast und hast deines einzigen Sohnes nicht verschont, will ich dein Geschlecht segnen und mehren wie die Sterne am Himmel und wie den Sand am Ufer des Meeres, ... weil du meiner Stimme gehorcht hast« (Gen. 22,16−18).

Gott ist der Gott der Verheißung. Der treue Gott. Er hält sein Wort, auch wenn das unmöglich erscheint − sogar dann, wenn die Umstände auf das Gegenteil zuzulaufen scheinen.

Abraham erwies sich als ein Mann des Glaubens, weil er den Umständen und den Tatsachen, wie sie sich ihm zeigten, nicht glaubte. Er glaubte den Worten Gottes und den Verheißungen, die er bekommen hatte.

Paulus sagt den Römern, daß die Verheißung Gottes denen gilt, »die wie Abraham aus dem Glauben leben. Der ist unser aller Vater« (Röm. 4,16). Der »Vater des Glaubens«.

Du brauchst nicht überwältigt zu sein von dem Glauben, den Abraham an den Tag legte. Gott möchte auch dir beibringen, seinen Worten und Verheißungen zu glauben, um sie auf die Situation anzuwenden, der du gegenüberstehst. Immer und immer wieder wirst du eher geneigt sein, der Situation zu glauben und anzunehmen, daß das Problem unüberwindlich ist, daß Gottes Verheißungen nicht für dich sein können, und daß er die Umstände nicht ändern wird. Du wirst in der Versuchung stehen zu glauben, daß dein Glaube nicht ausreicht, um zu erfahren, wie Gott deine Gebete erhört.

»Sollte dem Herrn etwas unmöglich sein?« fragte Gott Sara. Wende genau diese Worte auf all die Probleme in deinem Leben an. Du kannst dich damit abquälen, sie zu lösen, und doch immer und immer wieder kläglich versagen. Dann erscheinen die Probleme wie unbewegliche Berge.

Erinnere dich daran, daß Jesus sagte:

Wenn ihr Glauben habt wie ein Senfkorn, so könnt ihr sagen zu diesem Berge: Hebe dich von hinnen dorthin!, so wird er sich heben; und euch wird nichts unmöglich sein (Mt. 17,20).

Glaube, so groß wie ein winziges Samenkorn. Ein sehr kleiner Glaube. Gott fragt: »Sollte dem Herrn etwas unmöglich sein?« Sein Sohn sagt: »Euch wird nichts unmöglich sein«, wenn ihr diesen winzigen Samen des Glaubens habt.

Dein Glaubenswort:
»Sollte dem Herrn etwas unmöglich sein?«

Kapitel 4
Mein eigenes Volk

Gott vergißt niemals die Verheißungen, die er seinem Volk gibt.
Die Nachkommen Abrahams verließen während der Hungerperiode das Land, das Gott ihnen gegeben hatte, und gingen nach Ägypten. Dort wurden sie zu einer Nation von Sklaven.

Und Gott erhörte ihr Wehklagen und gedachte seines Bundes mit Abraham, Isaak und Jakob. Und Gott sah auf die Kinder Israels und nahm sich ihrer an (Ex. = 2. Mose 2,24f.).

In seiner Liebe für sein Volk möchte Gott sie von ihrer Sklaverei befreien. Er ruft Mose zurück nach Ägypten, wo er am Hof des Pharaos aufgewachsen war. Er war aus dem Land geflohen, nachdem er einen Ägypter getötet hatte, der gerade einen Hebräer schlug, »einen aus seinem eigenen Volk«.

Der Herr sagt zu Mose: »Ich habe das Elend meines Volks in Ägypten gesehen ...« (Ex. 3,7). MEIN VOLK. Dieser Ausdruck ist ein Hinweis auf die besondere Bundes-Beziehung, die Gott bereit gewesen war, mit Abraham und seinen Nachkommen einzugehen. Er würde *ihr* Gott sein, und sie würden *sein* Volk sein.

Mose — wie zahllose Menschen nach ihm auch — denkt an all die möglichen Ausreden, um die verantwortungsvolle Pflicht zu vermeiden, zu der Gott ihn beruft. Die Konfrontationen mit dem Pharao, die Plagen, die über Ägypten kamen, bis sein Herrscher endlich den Hebräern erlaubte das Land zu verlassen, die Verfolgungsjagd der Ägypter und der wunderbare Gang durchs Rote Meer — das alles ist uns recht vertraut. Erst als Mose und die Hebräer in die Wüste Sinai gekommen waren, sprach Gott wieder mit ihnen über den Bund, über die verbindliche Abmachung, die zwischen ihm und seinem Volk bestehen sollte.

Weil er euch geliebt hat und damit er seinen Eid hielte, den er euren Vätern geschworen hat. Darum hat er euch herausgeführt mit mächtiger Hand und hat dich erlöst von der Knechtschaft, aus der Hand des Pharao, des Königs von Ägypten (Deut. = 5. Mose 7,8).

Der Bund

Mose »ging hinauf zu Gott« auf den Berg Horeb, den heiligen Berg. Durch ihn sagte der Herr seinem Volk:

Werdet ihr nun meiner Stimme gehorchen und meinen Bund halten, so sollt ihr mein Eigentum sein vor allen Völkern; denn die ganze Erde ist mein. Und ihr sollt mir ein Königreich von Priestern und ein heiliges Volk sein (Ex. 19,5f.).

MEIN EIGENES VOLK. Gott gehört die ganze Erde und alle Menschen darauf, und doch möchte er sein EIGENES VOLK, das ein heiliges Volk sein wird, das für ihn lebt und ihm gehorcht. Er möchte, daß sie all den Segen annehmen, den er ihnen in seiner großen Liebe geben möchte. »Ich will euer Gott sein, und ihr sollt mein Volk sein.«

Was wollte Gott von seinem Volk? Was für einen Beitrag sollten sie zu dem Bündnis leisten?

Gott läßt sie darüber nicht im unklaren. Er gibt Mose auf klare und unmißverständliche Weise das Gesetz, das die Gebote einschließt, nach denen sie leben sollten. Sein Volk sollte dem Gesetz gehorchen, dann würden sie die Erfüllung der reichhaltigen Verheißungen sehen, die Gott ihnen gegeben hatte. Er würde ihr Gott sein, der sich um sie kümmert, sie versorgt, sie heilt und sie segnet. »MEIN EIGENES VOLK.«

Die augenblickliche Erwiderung der Hebräer war: »Alles, was der Herr gesagt hat, wollen wir tun und darauf hören« (Ex. 24,7). Auf diese Weise brachten sie ihre Absicht zum Ausdruck, ihren Teil des Bundesvertrages zu halten. Sie gaben Gott ihr feierliches Versprechen.

Der Bund wurde mit dem Blut von Tieren besiegelt, mit dem der Altar und das Volk besprengt wurden, mit den Worten: »Seht, das ist das Blut des Bundes, den der Herr mit euch geschlossen hat auf Grund aller dieser Worte« (Ex. 24,8).

Israel verdiente es nicht, den Herrn als persönlichen Gott zu haben oder sein eigenes Volk zu sein. Der Wunsch nach einem Bund kam von Gott, nicht von Menschen.

Und der Herr sprach: Siehe, ich will einen Bund schließen: Vor deinem ganzen Volk will ich Wunder tun, wie sie nicht geschehen sind in allen Landen und unter allen Völkern, und das ganze Volk, in dessen Mitte du bist, soll des Herrn Werk sehen; denn wunderbar wird sein, was ich an dir tun werde (Ex. 34,10).

Gott scheut sich nicht, sich auf mehr und mehr Verheißungen festzulegen, denn er hat die Macht, die Liebe und die Treue, jede von ihnen zu erfüllen. Sie sind jedoch fest in den Zusammenhang des Bundesvertrages eingebettet. Um Gottes Anteil am Bund vollständig erfüllt zu bekommen, werden sie gehorsam ihren Anteil erfüllen müssen – nämlich ein heiliges Volk zu sein, das dazu lebt, um Gott zu erfreuen.

So haltet nun alle meine Satzungen und meine Rechte und tut danach (Lev. = 3. Mose 20,22).

Darum sollt ihr mir heilig sein; denn ich, der Herr, bin heilig, der euch abgesondert hat von den Völkern, daß ihr mein wäret (Lev. 20,26).

Der Herr sagt: »Ihr gebt mir euer Leben, und ich verspreche, daß ich mich euch gebe.«

Was für ein unglaubliches Angebot! Alles, was irgendein Mensch Gott anbieten kann, ist ein schwaches, sündhaftes Leben. Gott bietet ihm als Ersatz dafür sein Leben an, was vollkommene Liebe, Freude, Frieden, Heilung, Vergebung und überfließende Fürsorge bedeutet.

Werdet ihr in meinen Satzungen wandeln und meine Gebote halten und tun, so will ich euch Regen geben zur rechten Zeit, und das Land soll sein Gewächs geben und die Bäume auf dem Felde ihre Früchte bringen (Lev. 26,3f.).

Gott kümmert sich nicht nur um das geistliche Leben seiner Leute, sondern auch um ihre Bedürfnisse und ihr Gedeihen im materiellen Bereich. Er wird seine Verheißungen auch in dieser Hinsicht erfüllen, wenn sie ihm gehorsam sind.

Ich will Frieden geben in eurem Lande, daß ihr schlafet und euch niemand aufschrecke (Lev. 26,6).

Und ich will mich zu euch wenden und will euch fruchtbar machen und euch mehren und will meinen Bund mit euch halten ... Ich will meine Wohnung unter euch haben ... Und ich will unter euch wandeln und will euer Gott sein, und ihr sollt mein Volk sein (Lev. 26, 9+11f.).

Wie wunderbar! Und doch hat Gott für alle, die an Jesus glauben, etwas auf Lager, was noch weit wundervoller ist.

Gottes Warnung

Aber der Herr warnt sein Volk: wenn sie den Bund nicht halten, wenn sie ungehorsam sind, wird das schreckliche Folgen haben. Er möchte sie in Liebe beschenken und sie segnen – ihr Ungehorsam beendet diesen Fluß des Gebens und Segnens. Also wird Gott seine Kinder zu ihrem Besten disziplinieren – aus Liebe zu ihnen –, damit sie wieder fähig werden, all das zu empfangen, was er zu geben hat.

Was geschieht, wenn sie sich nicht dem Herrn unterwerfen und zum Gehorsam zurückkehren?

Werdet ihr euch aber damit noch nicht von mir zurechtbringen lassen und mir zuwiderhandeln, so will auch ich euch zuwiderhandeln und will euch siebenfältig mehr schlagen um eurer Sünden willen und will ein Racheschwert über euch bringen, das meinen Bund rächen soll. Und wenn ihr euch auch in eure Städte flüchtet, will ich doch die Pest unter euch senden und will euch in die Hände eurer Feinde geben (Lev. 26,23–25).

Das hört sich nicht besonders gut an. Gott wird sein Volk warnen, bevor er solches Unheil über sie kommen läßt. Er wird ihnen Zeit und Gelegenheit geben, zu bereuen und zum Gehorsam gegen ihn zurückzukehren. Denn seine Absicht ist nicht, sein Volk zu quälen und zu vernichten, sondern ihr Gott zu sein, der unter ihnen leben und in Liebe für sie sorgen wird.

Aber wenn sie auch in der Feinde Land sind, verwerfe ich sie dennoch nicht, und es ekelt mich nicht vor ihnen, so daß es mit ihnen aus sein sollte und mein Bund mit ihnen nicht mehr gelten sollte; denn ich bin der Herr, ihr Gott. Und ich will ihnen zugut an meinen Bund mit den Vorfahren gedenken (Lev. 26,44f.).

Gott wird sein Volk niemals aufgeben! Das ist für uns alle eine gute Nachricht. Er hat dich nicht aufgegeben. Du magst das Gefühl haben, er ist Millionen von Kilometern entfernt und völlig gleichgültig gegenüber den kleinen Dingen deines Lebens und den Problemen, denen du ins Auge siehst. Vielleicht scheint es dir so, als ob das einzige an Gott, was du je erfahren hast, seine Züchtigung sei.

Aber er hat einen Bund geschlossen, den er nicht vergessen wird. Er warnt Israel, ihn ebenfalls nicht zu vergessen.

So hütet euch nun, daß ihr den Bund des Herrn, eures Gottes, nicht vergeßt, den er mit euch geschlossen hat (Deut. 4,23).

Diese Worte sind auch heutzutage sehr zutreffend. Viele Christen leiden unter großen Schwierigkeiten, weil sie den Bund vergessen, den Gott mit ihnen geschlossen hat – nicht den Bund mit Mose, sondern den neuen und besseren Bund, den Jesus gestiftet hat. Einige verstehen nicht, daß sie mit Gott in einer Bundesbeziehung stehen, und daß er jede Verheißung in ihrem Leben erfüllen möchte. Andere sehnen sich nach solch einer Beziehung und nach einer Bürgschaft für Gottes Liebe zu ihnen. Er sagte zu Israel:

Wenn du aber dort den Herrn, deinen Gott, suchen wirst, so wirst du ihn finden, wenn du ihn von ganzem Herzen und von ganzer Seele suchen wirst. Wenn du geängstet sein wirst und dich das alles treffen wird in künftigen Zeiten, so wirst du dich bekehren zu dem Herrn, deinem Gott, und seiner Stimme gehorchen. Denn der Herr, dein Gott, ist ein barmherziger Gott; er wird dich nicht verlassen noch verderben, wird auch den Bund nicht vergessen, den er deinen Vätern geschworen hat (Deut. 4,29–31).

Der Herr wird *dir* Barmherzigkeit erweisen. Er wird *dich* nicht verlassen noch verderben. Seine Absicht ist, dir Leben zu geben, sein eigenes Leben. Er möchte *dir* begegnen, gerade inmitten der Drangsal, die du erfährst. Er möchte, daß du den Bund verstehst, den er mit allen eingeht, die an Jesus glauben. Er möchte, daß du dich an diesen Bund erinnerst, von ihm lebst und die Treue erkennst, mit der er dich liebt und dich mit seinen Segnungen beschenkt.

Während du dieses Buch liest, kannst du »ihn suchen von ganzem Herzen und von ganzer Seele«. Und du wirst ihn finden, denn Jesus verspricht: »Wer da sucht, der findet« (Mt. 7,8).

Dein Glaubenswort:
»Ich will euer Gott sein, und ihr sollt mein Volk sein.«

Kapitel 5
Schreckliches Versagen

Was ist der bessere Weg? Gehorsam gegen Gott oder Ungehorsam? Das ist die Frage, der Israel seine ganze Geschichte hindurch gegenüberstand.

Und wenn ihr diese Rechte hört und sie haltet und danach tut, so wird der Herr, dein Gott, auch halten den Bund und die Barmherzigkeit, wie er deinen Vätern geschworen hat, und wird dich lieben und segnen und mehren (Deut. 7,12f.).

Aber Israel versäumte es fortwährend, den Bund zu halten, obwohl Gott seiner Seite des Abkommens bis zum äußersten treu blieb. Wenn das Volk gehorsam war, gedieh es materiell und geistlich. Wenn sie ungehorsam waren, bestrafte der Herr sie. Wenn sie keine Reue zeigten, mußte er strengere Maßnahmen ergreifen, um sie zum Gehorsam zu bewegen.

Wiederholter Ungehorsam

In Nehemia, Kapitel 9, faßt Esra eine ganze Geschichtsperiode unter dem Bund zusammen:

Herr, du bist Gott, der du Abram erwählt hast ... und hast sein Herz treu erfunden vor dir und einen Bund mit ihm geschlossen, seinen Nachkommen zu geben das Land ... und hast dein Wort gehalten; denn du bist gerecht (Neh. 9,7f.).

Er beschreibt dann kurz die Befreiung aus Ägypten, den Gang durchs Rote Meer, wie Gott sein Volk durch die Wüste führte und wie er ihnen »ein wahrhaftiges Recht und rechte Gesetze und gute Satzungen und Gebote« gegeben hat (V. 13).

Und hast ihnen Brot vom Himmel gegeben, als sie hungerten, und Wasser aus dem Felsen fließen lassen, als sie dürsteten, und ihnen gebo-

ten, sie sollten hingehen und das Land einnehmen, über das du deine Hand zum Schwur erhobst, um es ihnen zu geben (V. 15).

Dann beginnt Esra, Israels größte Sünden der Vermessenheit und des Ungehorsams hervorzuholen.

Aber unsere Väter wurden stolz und halsstarrig, so daß sie deinen Geboten nicht gehorchten, und WEIGERTEN SICH, ZU HÖREN *und gedachten auch nicht an deine Wunder, die du an ihnen tatest, sondern sie wurden halsstarrig und nahmen sich fest vor, zu ihrer Knechtschaft in Ägypten zurückzukehren (Verse 16+17).*

Israel mag schon bereit gewesen sein, den Bund aufzukündigen, aber Gott hatte keinerlei Absicht, das zu tun!

<u>Aber du, mein Gott, vergabst und warst gnädig, barmherzig, geduldig und von großer Güte und verließest sie nicht</u> (V. 17).

Gott war bis zum äußersten treu, sogar im Angesicht ihres Ungehorsams. »Verließest du sie doch nicht in der Wüste nach deiner großen Barmherzigkeit« (V. 19). »Und du gabst ihnen deinen guten Geist, um sie zu unterweisen« (V. 20). »Ihnen mangelte nichts« (V. 21). Und Gott führte sie in das Land, das er ihnen versprochen hatte.

Führte das zu Dankbarkeit beim Volk, einer Dankbarkeit, die sich in einem erneuerten Gehorsam gegen Gott äußerte? Ganz und gar nicht!

Aber sie wurden ungehorsam und widerstrebten dir und warfen dein Gesetz hinter sich und töteten deine Propheten, die sie vermahnten, daß sie sich zu dir bekehren sollten und redeten große Lästerungen (V. 26).

Und es wurde noch eine Zeit der Züchtigung notwendig:

Darum gabst du sie in die Hand ihrer Feinde, die sie ängstigten. Und zur Zeit ihrer Angst schrien sie zu dir, und du erhörtest sie vom Himmel, und <u>durch deine große Barmherzigkeit</u> gabst du ihnen Retter, die ihnen aus der Hand ihrer Feinde halfen (V. 27).

Gottes unendliche Barmherzigkeit

Die Barmherzigkeit Gottes ist so unermeßlich, seine Geduld ist grenzenlos. Wenn er uns behandeln würde, wie wir es verdienten, dann würden wir alle verurteilt und verdammt werden. Aber er will das nicht – er will vergeben. Er will sein Volk heilen und wiederherstellen.

Traurigerweise beginnen viele erst dann seine Barmherzigkeit zu erkennen, wenn sie mit ihrem ganzen Leben so in der Klemme sitzen, daß sie in Verzweiflung zu ihm aufschreien. In seiner Liebe hört und erhört Gott sie. Er horcht auf diesen Schrei, der aus dem Herzen kommt. Er wartet auf diese Hinwendung zu ihm, auch wenn es die letzte Zuflucht ist.

So schrien sie dann wieder zu dir, und du erhörtest sie vom Himmel her und errettetest sie nach deiner großen Barmherzigkeit viele Male (V. 28).

Viele Male sündigten sie, rebellierten sie und waren ungehorsam. Viele Male schrien sie in Verzweiflung auf zu Gott. Viele Male war er barmherzig, vergab ihnen und stellte sie wieder her.

Und viele Male sündigten sie wieder!

So wiederholte sich immer und immer wieder der gleiche erbärmliche Vorgang von Israels Versagen, nach dem Bund zu leben. Der einzige Trost über all dem ist, die Treue Gottes zu sehen, der die Schreie seines Volkes niemals zurückweist, sondern immer seine Verheißungsworte an ihnen erfüllt.

Weil er Gottes Treue und Barmherzigkeit kennt, betet Esra zu Israels Bundesgott, ›unserem Gott‹.

Nun, unser Gott, du Mächtiger und Furchtbarer, der du Bund und Treue hältst, achte all das Elend nicht gering, das uns getroffen hat ... (V. 32).

Gleichzeitig erkennt er Gottes Gerechtigkeit in der Weise an, wie er mit seinem Volk verfahren ist.

Du bist gerecht in allem, was du über uns gebracht hast; denn du hast recht getan, wir aber sind gottlos gewesen (V. 33).

Das ist der große Unterschied zwischen Gott und den Menschen. Er ist immer treu. Sie sind so oft sündig, ungehorsam und treulos.

Esra betet in einer Krisenzeit. Das Volk ist bereit, zu dem Bund zurückzukehren, den es so oft verlassen hat.

Und darum wollen wir eine feste Abmachung treffen, sie aufschreiben und unsere Fürsten, Leviten und Priester sollen sie versiegeln und unterschreiben (Neh. 10,1).

Aber das sollte noch nicht das Ende von Israels Ungehorsam sein. Ihr Bund mit Gott würde noch einmal gebrochen werden, und noch einmal und noch einmal.

Seine Barmherzigkeit hat für immer Bestand

Wenn du in deinem Leben zurückschaust, dann mag es dir erscheinen wie die Geschichte Israels, eine Geschichte des wiederholten Ungehorsams. Er ist immer noch der Gott der Barmherzigkeit. Vielleicht denkst du, dein Ungehorsam bedeute, daß du nicht erwarten kannst, irgend etwas von Gott zu bekommen.

Er hat nicht die Absicht, dich zu verwerfen oder zu verdammen. Er möchte, daß du seine Vergebung kennenlernst für all deine Sünden, dein Versagen und deinen Ungehorsam. Es ist der gleiche gnädige, barmherzige und treue Gott, der seinen Sohn sandte, um einen noch besseren Bund aufzurichten mit noch größeren Verheißungen. Er möchte, daß du ein Teil dieses Bundes wirst. Es ist egal, wie ungehorsam und voller Sünde du warst, ob du dich als kompletter Versager fühlst oder ob dein Leben völlig verfahren ist. Gott wird dich nicht zurückweisen, wenn du dich an ihn wendest. Er heißt den reuigen Sünder willkommen und gebietet dem Himmel, über ihn zu frohlokken.

Dein Glaubenswort:
»Aber du, mein Gott, vergabst und warst gnädig, barmherzig, geduldig und von großer Güte.«

Kapitel 6
Der bessere Weg

Es mußte einen besseren Weg geben. Aber Gott ließ den Gedanken eines Bundes mit seinem Volk nicht fallen. Israels unaufhörliches Versagen, den alten Bund zu halten, zeigte jedoch klar, daß ein gänzlich neuer Bund gebraucht wurde.

Der Neue Bund

In Jeremias Prophetie sieht Gott erwartungsvoll dem Abschluß dieses neuen Vertrages zwischen Gott und Mensch entgegen.

Siehe, es kommt die Zeit, spricht der Herr, da will ich mit dem Hause Israel und mit dem Hause Juda einen <u>neuen Bund</u> schließen, <u>nicht wie der Bund gewesen ist, den ich mit ihren Vätern schloß,</u> als ich sie bei der Hand nahm, um sie aus Ägyptenland zu führen, <u>ein Bund, den sie nicht gehalten haben, ob ich gleich ihr Herr war,</u> spricht der Herr (Jer. 31,31f.).

Gott war in einen Bund, eine Art Ehevertrag mit seinem Volk eingetreten. Er war Israel gegenüber ein treuer Herr und Ehemann gewesen. Aber das Volk war wie eine ehebrecherische Frau gewesen, die sich ständig als untreu erwies, auf der Suche nach anderen Göttern war, ihrem Ehemann nicht gehorchte, seine Gesetze brach und ihn wegen anderer Vergnügungen verließ. »Du darfst dich nicht freuen, Israel, noch rühmen wie die Völker; denn du läufst mit deiner Hurerei deinem Gott weg« (Hos. 9,1). Wie wird sich der neue Bund vom alten unterscheiden?

Das soll der Bund sein, den ich mit dem Hause Israel schließen will nach dieser Zeit, spricht der Herr: <u>Ich will mein Gesetz in ihr Herz geben und in ihren Sinn schreiben,</u> und sie sollen mein Volk sein, und ich will ihr Gott sein. Und es wird keiner den andern noch ein Bruder den andern lehren und sagen: »*Erkenne den Herrn*«*, <u>sondern sie sollen mich alle erkennen,</u> beide, klein und groß, spricht der Herr; denn ich* *will ihnen ihre Missetat vergeben und ihrer Sünde nimmermehr gedenken (Jer. 31,33f.).*

»ICH WILL MEIN GESETZ IN IHR HERZ GEBEN«: Unter dem Alten Bund wurde das Gesetz auf Steintafeln geschrieben und auf dem heiligen Berg Mose übergeben. Unter den Bedingungen des Neuen Bundes wird das Gesetz Gottes in die Herzen seines Volkes geschrieben werden. Gott würde sich mit jedem von ihnen persönlich befassen müssen, um das zu bewerkstelligen.

»ICH WILL ES IN IHREN SINN SCHREIBEN«: Der Finger Gottes hatte die Zehn Gebote auf Stein geschrieben. Nur die Hand Gottes kann sein Gesetz auf menschliche Herzen schreiben! »*Ich* werde es schreiben ...«, sagt Gott. Auf irgendeine Weise würde Gott selbst seine Wünsche, seinen Willen und seine Absicht in diese Herzen hineinweben.

»UND ICH WILL IHR GOTT SEIN, UND SIE SOLLEN MEIN VOLK SEIN«: Die alte Bundesverheißung wird wiederholt. Gott hat immer noch die gleiche Absicht. Er möchte ein Volk für sich haben, ein treues, liebendes Volk, das für ihn leben und all seine Verheißungen erben wird. Ein Volk, dem er sich selbst schenken kann. Er wird ihr Gott sein, der treue Gott, der seinen Bund hält und seine Verheißungsworte erfüllt.

»SIE SOLLEN MICH ALLE ERKENNEN«: Jeder einzelne des neuen Bundesvolkes wird eine persönliche Beziehung zu seinem Gott haben – sie werden »den Herrn erkennen«. Und diese Beziehung wird durch die Vergebung der Sünden entstehen: »Ich will ihrer Sünde nimmermehr gedenken.«

In der Vergangenheit sprach Gott durch Vermittler wie Abraham, Mose und die Propheten zu den Massen seines Volkes. In der Zukunft wird Gott zu jedem einzelnen aus seinem Bundesvolk direkt sprechen können, denn »sie sollen mich alle erkennen«.

Die Verwandlung des Herzens

Gott würde etwas Göttliches in seinen Leuten tun müssen, wenn sie in ununterbrochener Gemeinschaft mit ihm leben sollten. Sie würden ein »neues Herz« brauchen, auf dem das Gesetz Gottes geschrieben steht. Dazu ist eine »Herz-Operation« nötig, die nur die göttliche Hand durchführen kann.

Und ich will euch ein neues Herz und einen neuen Geist in euch geben und will das steinerne Herz aus eurem Fleisch wegnehmen und euch ein fleischernes Herz geben. Ich will meinen Geist in euch geben und will solche Leute aus euch machen, die in meinen Geboten wandeln und meine Rechte halten und danach tun (Hes. 36, 26f.).

»Ich will euch ein neues Herz geben«: Gott wird das alte Herz wegnehmen, das gegen seine Ziele verhärtet ist, dieses sündige, ungehorsame und selbstsüchtige Herz, und es durch ein brandneues Herz ersetzen, das von seiner Liebe erfüllt ist, für seine Wünsche schlägt und auf seine Ziele ausgerichtet ist.

Der neue Geist

»Ich will einen neuen Geist in euch geben«: Gott wird nicht nur ein neues Herz schenken, das sich nach Gehorsam ihm gegenüber sehnt – er wird auch den menschlichen Geist in seinen Leuten neu machen. Dann werden sie die inneren Voraussetzungen dazu haben, tatsächlich gehorsam zu *sein* und das zu verwirklichen, wonach das neue Herz verlangt.

»Ich will meinen Geist in euch geben«: Gott wird seinen eigenen Geist, sein eigenes Leben, seine eigene Kraft, seine eigene Liebe, sein eigenes Wesen, ja, sich selbst in sein Volk hineingeben. Gott wird kommen und in ihnen leben und sie so dazu *befähigen*, gehorsam zu sein.

Wann würde Gott seinen Geist geben? Mit der Errichtung des Neuen Bundes. Zur Zeit Jeremias und Hesekiels war das noch eine Verheißung, die auf ihre Erfüllung wartete. »Und ich will meinen Odem in euch geben, daß ihr wieder leben sollt, ... und ihr sollt erfahren, daß ich der Herr bin. Ich rede es und tue es auch, spricht der Herr« (Hes. 37,14).

Dies weist noch einmal auf die Tatsache hin, daß Gott jedes Leben persönlich berühren wird. Er wird in jedem seiner neutestamentlichen Kinder leben, und jedes wird wissen, daß er ›es getan hat‹.

»Und will solche Leute aus euch machen, die in meinen Geboten wandeln und meine Rechte halten und danach tun«: Unter dem Alten Bund sagte Gott: »Ihr gehorcht mir, und ich werde euch segnen. Ihr tut euren Teil, und ich werde meinen tun.« Aber das funktionierte nicht, weil das Volk unaufhörlich darin versagte, seinen Teil der Vereinbarung zu halten.

Unter dem Neuen Bund sagt Gott nun: »Ich will in euch leben, um euch zu befähigen, euren Teil zu tun. Ich werde es in euch tun. Ich werde euch dazu bringen, meine Wege zu gehen.«

Mit anderen Worten, Gott wird der bestimmende Umstand auf BEIDEN Seiten des Abkommens sein. Als er eine Seite dem Menschen überließ, kam dabei immer nur Versagen heraus. Gott hatte das schon vorher gewußt. Er hatte gewußt, daß der Alte Bund nicht funktionieren würde und daß er eines Tages seinen eigenen Sohn werde senden müssen, um den Neuen Bund zu schließen. Aber er mußte den Menschen beweisen, daß sie unfähig sind, ihm zu gefallen, gehorsam und treu zu sein, wenn sie sich nur auf ihre eigenen menschlichen Möglichkeiten verlassen.

Unter dem Neuen Bund würde es kein andauerndes Versagen geben müssen, denn Gott würde in seinen Leuten leben und sie befähigen zu lieben, zu gehorchen und zu GLAUBEN!

Eine neue Ehe

Gott hat eine neue Art von ›Ehe‹ ins Auge gefaßt. Er wird fortfahren, das zu sein, was er immer gewesen ist: der gerechte, liebende, barmherzige und treue Ehemann.

Ich will mich mit dir verloben für alle Ewigkeit, ich will mich mit dir verloben in Gerechtigkeit und Recht, in Gnade und Barmherzigkeit. Ja, in Treue will ich mich mit dir verloben, und du wirst den Herrn erkennen (Hos. 2,21f.).

Seine ›Ehefrau‹ soll wie er sein. Ein Volk, das rechtschaffen ist und in rechter Beziehung zu ihm steht. Ein gerechtes Volk, das liebevoll, barmherzig und seinem Gott treu ist. Wie sehr sehnt sich Hosea nach der Zeit, wenn das Volk seinen Ehemann ›erkennen‹ wird und in diesen neuen ewigen Ehebund mit ihm eingebunden sein wird!

Laßt uns darauf achthaben und danach trachten den Herrn zu erkennen; denn er wird hervorbrechen wie die schöne Morgenröte und wird zu uns kommen wie ein Regen, wie ein Spätregen, der das Land feuchtet (Hos. 6,3).

»Erkenne den Herrn«

Diese Worte sind für dich: »Laßt uns danach trachten, den Herrn zu erkennen.« Denn der Neue Bund ist bereits aufgerichtet, und Gott möchte, daß du zu seinem Volk gehörst.
Er möchte dir ein neues Herz geben.
Er möchte dir seinen Geist geben.
Er möchte dich dazu bringen, seine Wege zu gehen.
Er möchte, daß du ihn erkennst.
Und er hat all das durch seinen Sohn Jesus Christus möglich gemacht.
Es wird dich nicht zu einem Teil seines neutestamentlichen Volkes machen, wenn du versuchst, Gott auf deine eigene Weise zu gefallen. Du wirst nie dazu fähig sein, dich ihm angenehm zu machen oder deine ›Fahrkarte zum Himmel‹ selbst zu erarbeiten. Er will nicht, daß du den Sinn des Christseins darin siehst, nach einer Sammlung von biblischen Gesetzen zu leben. Ein Christ ist jemand, der ein neues Herz hat, einen neuen Geist, und in dem der Heilige Geist Gottes lebt. Jemand, der mit dem Herrn ›verlobt‹ ist. Jemand, der all die überschwenglichen Verheißungen erbt, die Gott seinem Volk gegeben hat.
Wenn du ihn suchst, wird er zu dir kommen »wie ein Regen, wie ein Spätregen, der das Land feuchtet«. Er wird deinem strengen Winter ein Ende machen und wird die ausgedörrte Erde deines Lebens mit »Strömen lebendigen Wassers« bewässern – wie du sehen wirst.

Dein Glaubenswort:
»Ich will euch ein neues Herz und einen neuen Geist in euch geben.«

Kapitel 7
Das Ende der Trennung

Das Volk Israel »erkannte den Herrn« nicht. Ihre Sünde, ihr Ungehorsam und ihre Rebellion trennten sie von Gott und von seinen Zielen. Diese Trennung machte es ihnen unmöglich, all die Reichtümer zu empfangen, die er in ihr Leben strömen lassen wollte.

Diese Trennung mußte aufgehoben werden, um jeden Preis – sogar um den Preis, das Leben des Gottessohnes zu opfern!

Das fleischgewordene Wort

Jesus ist das Wort Gottes – das Wort, das bereits existierte, bevor die Zeit begann. Gott schuf die Welt durch dieses Wort. Gott sprach dieses Wort vom Himmel her zu seinem Volk all die Jahre des Alten Bundes hindurch. Manche hörten dieses Wort selbst: Noah, Abraham, Mose, Hosea, Jeremia, Hesekiel, um nur einige zu nennen. Andere hörten dieses Wort ›aus zweiter Hand‹ durch die Offenbarung, die solchen Männern gegeben wurde. Und oft wurde dieses Wort geflissentlich übersehen und nicht befolgt.

Unter dem Neuen Bund wollte Gott, daß all seine Leute dieses Wort selbst hören, durch seinen eigenen Geist, der in ihnen lebt. Bevor der Geist kommen konnte, mußte das Wort in menschlichem Fleisch kommen; so konnten sie klar hören, was Gott sagte. Sie konnten direkt hören, ohne einen Vermittler zu brauchen. Sie konnten die Verheißungen hören, die Gott in ihrem Leben erfüllen wollte.

Das Wort Gottes kam, um den Menschen Leben zu bringen, Gottes eigenes Leben, und um Licht in die Dunkelheit dieser Welt zu bringen, die von der Gemeinschaft mit ihrem Schöpfer getrennt war. Gott selbst kam, um unter seinem Volk zu leben!

Jesus beschrieb seine eigene Sendung mit folgenden Worten: »Ich bin gekommen, damit sie das Leben und volle Genüge haben sollen« (Joh. 10,10). Gottes Leben, ewiges Leben, »Leben in seiner ganzen Fülle«. Das ist es, was Gott für seine neutestamentlichen Kinder möchte: daß sie ihn erkennen und sein Leben leben.

Die Worte Jesu zu hören war nicht genug, um dieses Leben zu empfangen – man mußte sie glauben. Seinen Worten zu glauben, bedeutete Jesus zu glauben. Seinen Worten nicht zu glauben, bedeutet Jesus und dem Vater, der ihn sandte, nicht zu glauben.

Wahrlich, wahrlich, ich sage euch: Wer mein Wort hört und glaubt dem, der mich gesandt hat, der hat das ewige Leben und kommt nicht in das Gericht, sondern er ist vom Tode zum Leben hindurchgedrungen (Joh. 5,24).

Würde Gottes alttestamentliches Volk Jesus annehmen? Würden sie seinen Worten glauben und ihn aufnehmen? Würden sie vom Tod der Sünde und des Ungehorsams zu diesem neuen Leben hindurchdringen?

<u>*Wie viele*</u> *ihn aber aufnahmen,* <u>*denen*</u> *gab er Macht, Gottes Kinder zu werden, denen, die an seinen Namen glauben (Joh. 1,12).*

Allen, ob Juden oder Heiden, gab er diese Macht. Alle, die Jesus aufnahmen, die ihm glaubten, bekamen die Macht, Gottes Kinder zu werden. Der Alte Bund bestand zwischen Gott und seinem Volk, der Neue Bund ist die Beziehung zwischen einem Vater und seinen Kindern, weil diese Kinder ihn ›kennen‹.

Jesus kam, um seinen Vater zu offenbaren, indem er seine Worte sprach und seine Werke vollbrachte.

Das Wort, das ihr hört, ist nicht mein Wort, sondern das des Vaters, der mich gesandt hat (Joh. 14,24).

Der Sohn kann nichts von sich aus tun, sondern nur, was er den Vater tun sieht; denn was dieser tut, das tut gleicherweise auch der Sohn. Denn der Vater hat den Sohn lieb und zeigt ihm alles, was er tut (Joh. 5,19f.).

Die Einheit in der Beziehung zwischen dem Vater und dem Sohn ist offensichtlich. Jesus lebt in einem Bund mit seinem Vater, spricht seine Worte und tut seine Werke. Das ist es, was Gott sich für alle seine Bundes-Kinder vorstellt: er will durch die Kraft seines Heiligen Geistes in ihnen leben, durch sie seine Worte des Lebens sprechen und in ihnen seine Werke der Liebe vollbringen.

Jesus kommt, um die Menschen in das Königreich seines Vaters zu führen. Er lehrt sie zu beten: »Dein Reich komme. Dein Wille geschehe auf Erden wie im Himmel.« Er demonstriert das Leben, die Liebe und die Macht dieses Königreichs und der Herrschaft Gottes in und unter seinem Volk. Er zeigt, daß Gottes Wille das Entscheidende ist.

Ich bin vom Himmel gekommen, nicht damit ich meinen Willen tue, sondern den Willen dessen, der mich gesandt hat (Joh. 6,38).

Das kommt bei einem ›neuen Herzen‹ zum Vorschein: ein Mensch, der nicht seinen eigenen Willen, sondern den seines himmlischen Vaters tun will. Das sollte am Vorabend der Kreuzigung im Garten Gethsemane endgültig auf die Probe gestellt werden, als Jesus betete: »Vater, willst du, so nimm diesen Kelch von mir; doch nicht mein, sondern dein Wille geschehe!« (Lk. 22,42).

Das Kreuz

Gerade so, wie der Alte Bund mit dem Blut von Tieren besiegelt wurde, so würde auch der Neue Bund mit Blut besiegelt werden, nämlich mit dem Blut des Gottessohnes Jesus. Am Abend seiner Gefangennahme hatte Jesus den Kelch genommen, während er mit seinen Jüngern aß, und gesagt:

<u>Dieser Kelch ist der Neue Bund in meinem Blut, das für euch vergossen wird</u> (Lk. 22,20).

Um diese neue Bundesbeziehung mit seinen Kindern aufzurichten, mußte Gott den höchstmöglichen Preis zahlen. Warum war solch ein Preis nötig? Hätte es nicht genügt, wenn Jesus gekommen wäre und die Worte des Vaters gesprochen hätte, um seine Taten der Liebe und der Kraft an den Tag zu legen? Nein, denn die Trennung zwischen Gott und seinem Volk mußte aufgehoben werden, damit sie wahre Vereinigung und Gemeinschaft mit ihm genießen konnten. Damit sie ihn ›erkennen‹ konnten. Damit sie den Geist bekommen konnten, den Gott verheißen hatte, und das neue Herz, das er geben wollte. Und damit sie Gottes Kinder werden konnten, die ihn als ihren ›Vater‹ kennen.

Wegen seiner Sünde, seiner Rebellion und seines Ungehorsams verdient der Mensch nichts anderes als den Tod und die Trennung von Gott. Jesus nahm dieses Todesurteil auf sich — der Sündlose stirbt für die Sünder. Der, der in Einheit mit dem Vater lebt, stirbt für die, die von ihm getrennt sind, damit sie durch seinen Tod zu dieser Einheit und Gemeinschaft zurückgebracht werden können, die Gott mit seinem ganzen Volk haben möchte. Der eine, der mit seinem Vater lebt, stirbt, um den Neuen Bund zwischen dem Vater und seinen Kindern aufzurichten, zwischen Gott und denen, die seinem Sohn glauben und ihn aufnehmen.

Mit Christus gekreuzigt

Und doch vollbrachte Jesus weit mehr, als für die Menschen am Kreuz zu sterben. Er nahm die ganze sündige menschliche Natur mit sich in den Tod.

Denn die Liebe Christi drängt uns, zumal wir überzeugt sind, daß, wenn einer für alle gestorben ist, so sind sie alle gestorben. Und er ist darum für alle gestorben, damit, die da leben, hinfort nicht sich selbst leben, sondern dem, der für sie gestorben und auferstanden ist (2. Kor. 5,14f.).

Er nahm die Sünde, das Versagen, die Sorgen, Zweifel und Ängste, die Bedrängnis, den Kummer, das Unglück, die Schmerzen, die Leiden und Krankheiten der Menschen auf sich und kreuzigte sie. Er tötete sie, und seine Auferstehung bewies den Sieg.

Aber er trug nicht nur die negativen Seiten unseres Lebens ans Kreuz. Jesus nahm uns als ganze Menschen — Leib, Seele und Geist — mit sich in den Tod, damit wir neue Kreaturen werden können, die zu einem neuen Leben in ihm auferstanden sind und in die Gemeinschaft mit seinem Vater wiedereingesetzt sind.

Darum: Ist jemand in Christus, so ist er eine neue Kreatur; das Alte ist vergangen, siehe, Neues ist geworden (2. Kor. 5,17).

Die alte Form, sich Gott zu nähern und mit ihm zu verbinden, ist vergangen. Der Alte Bund ist eine Sache der Vergangenheit. Mit dem Blut Jesu ist jetzt der Neue Bund gekommen. Gott selbst hat es getan!

Aber das alles von Gott, der uns mit sich selber versöhnt hat durch Christus und uns das Amt gegeben, das die Versöhnung predigt. Denn Gott war in Christus und versöhnte die Welt mit sich selber und rechnete ihnen ihre Sünden nicht zu und hat unter uns aufgerichtet das Wort von der Versöhnung (2. Kor. 5,18f.).

Das ist die Botschaft, die die Welt immer noch braucht: daß ein Mensch durch Jesus zur Gemeinschaft mit Gott zurückgebracht werden kann. Er kann Gott erkennen, sein Kind werden und in einer neuen Beziehung mit ihm leben. Er kann ein neues Herz bekommen, Gott wird seinen eigenen Geist in ihn geben und ihn veranlassen, gehorsam seine Wege zu gehen.

Du warst am Kreuz

Jesus nahm *dich* mit ans Kreuz. »Er starb für alle.« Und das schließt *dich* ein! Er trug dich ans Kreuz, weil er nicht will, daß du von seinem Vater getrennt bist. Er möchte dich wissen lassen, daß sein Vater dich liebt, dich als die Person annimmt, die du bist, und daß er alles in deinem Leben vergibt, was seinem Willen für dich entgegenstand.

Gott nimmt dich nicht an, weil du das verdienst oder weil du hart für ihn gearbeitet hast, um dich vor ihm angenehm zu machen, sondern weil Jesus *für dich* starb. Er erlitt dein Todesurteil für dich. Er erlebte das Getrenntsein von seinem Vater, damit deine Trennung von ihm aufhören kann. Er nahm all deine Sünde und dein Versagen und kreuzigte sie. Er nahm DICH und opferte DICH dem Vater, damit dein Leben ihm gehören kann und mit seiner Liebe und Kraft erfüllt werden kann. Du kannst das persönliche Zeugnis des Apostels Paulus teilen:

Ich bin mit Christus gekreuzigt. Ich lebe, doch nun nicht ich, sondern Christus lebt in mir. Denn was ich jetzt lebe im Fleisch, das lebe ich im Glauben an den Sohn Gottes, der mich geliebt hat und sich selbst für mich dahingegeben (Gal. 2,19f.).

Du wirst unfähig sein, das Leben des Neuen Bundes zu leben, bis du diese Grundwahrheit erfaßt hast: GOTT LIEBT DICH UND HAT DICH ANGENOMMEN, weil Jesus für dich starb.

Es ist Zeitverschwendung, wenn du versuchst, dich selbst für Gott annehmbar zu machen, weil es dir niemals gelingen wird und weil Jesus es bereits für dich getan hat. Es ist egal, wie sündig, ungehorsam und rebellisch dein vergangenes Leben war – durch das Kreuz Jesu Christi bist du doch vor Gott angenehm gemacht. Er starb für *alle* Sünder, mit *all* ihrem Versagen, *all* ihren Sünden, ihrem *ganzen* Ungehorsam und ihrer *ganzen* Rebellion gegen Gott.

Du kannst dich nicht selbst zu einem Kind Gottes machen. Du kannst dich nicht selbst zu einem Teil des Neuen Bundes machen.

Nur Gott kann das tun. Und er hat es durch das Blut Jesu für DICH möglich gemacht. »Dieser Kelch ist der neue Bund in meinem Blut.«

Alle?

Bedeutet das, daß alle Menschen erlöst sind? Daß alle Teil des Neuen Bundes sind? Daß alle Gott als ihren Vater kennen und in die Gemeinschaft mit ihm wiedereingesetzt sind?

Nein, offensichtlich nicht! Du brauchst nur um dich zu schauen und du wirst vielen Menschen begegnen, die anscheinend nichts von Gottes Erlösung oder von dem Neuen Bund wissen, die mit Gott nicht vertraut sind und vielleicht sogar zugeben, nicht an seine Existenz zu glauben, ganz zu schweigen davon, daß sie ihn als Vater kennen und in Gemeinschaft mit ihm leben!

Diese Segnungen warten auf alle, die persönlich zum Kreuz kommen und sich das aneignen, was Jesus schon für sie getan hat. Es gibt keinen anderen Weg zu einem Leben im Neuen Bund als den Weg des Kreuzes. »Niemand kommt zum Vater, als nur durch mich«, sagt Jesus.

Aber für jeden, der kommt, gibt es ein neues Leben, ein neues Herz, einen neuen Geist, eine neue Beziehung zu Gott und einen neuen Bund mit neuen Verheißungen.

Dein Glaubenswort:
»Ich bin mit Christus gekreuzigt.«

Kapitel 8
»Herr, ich komme«

»Wie kann ich ein Kind Gottes werden? Wie kann ich in den Neuen Bund eintreten und Gott als meinen Vater bekommen?«

Die Antwort lautet: »Indem du zum Kreuz kommst!« Indem du für dich annimmst, was Jesus dort für dich getan hat. Und wie macht man das?

Hier ist die einfachste Methode. Sie ist nicht die einzige Möglichkeit, aber eine gründliche. Sie wird dir den Weg freimachen, nicht nur, um den Herrn zu ›erkennen‹, sondern auch, um deine Gebete erhört zu bekommen. Deshalb wird dieses Kapitel wichtig für dich sein, auch wenn du den Herrn Jesus schon persönlich kennst. Denn es ist entscheidend zu verstehen, wie du dich Gott nähern und wissen kannst, daß er dir geben und für dich tun wird, worum du bittest.

Gott hat beschlossen, durch eine Bundesbeziehung mit seinem Volk in Verbindung zu stehen, weil er sich selbst ihm schenken will. Ein Bündnis aber braucht zwei Parteien.

Der Herr sagt: »Ihr übergebt euch mir, und ich werde mich euch schenken. Ihr werdet MEIN Volk sein, und ich werde EUER Gott sein.«

Wenn du in den Neuen Bund eintrittst, bringt das mit sich, daß du dich Gott übergibst – nicht nur deine Sünden, damit sie vergeben werden, sondern *dich selbst, ganz und gar*. Entweder gehörst du ihm, oder du gehörst dir selber. Entweder bist du sein Kind, oder du bist verloren.

Wenn du sein Kind bist, mußt du zu dem Punkt kommen, wo du vor dir selbst, vor Gott und vor der Welt bekennst, daß dein Leben nicht dir gehört und du damit tun kannst, was du möchtest. Du gehörst Gott. Du bist sein Eigentum!

Alles von dir

Jesus starb nicht für einen Teil von dir, sondern für DICH. Er trug dein Leben nicht stückchenweise ans Kreuz. Er trug DICH ans Kreuz.

Jede Hausfrau wird wissen, daß einer der wöchentlichen Höhepunkte die Tour durch den Supermarkt ist. Jedesmal wird die gleiche Prozedur wiederholt. Du nimmst einen Korb oder Einkaufswagen und fängst an, deine Lebensmittel zusammenzutragen, Stück für Stück. Wenn du alles hast, was du brauchst, gehst du zur Kasse. Du legst jedes Stück aus deinem Korb oder Wagen auf das Förderband, und während du das tust, tippt die Verkäuferin den Preis für jeden Artikel in die Kasse ein.

Wenn jedes Stück registriert ist, drückt die Verkäuferin die Summen-Taste und bittet dich um das Geld. Sobald du dich von dem Schock darüber, wieviel du ausgegeben hast, erholst, gibst du ihr das verlangte Geld. Du hast den Preis für all diese Waren bezahlt. Sie gehören jetzt nicht mehr dem Supermarkt, sie gehören dir. Also hast du das Recht, sie in deine Einkaufstasche zu packen und nach Hause zu tragen.

Du wählst nicht zwei oder drei Sachen aus und läßt den Rest zurück zur allgemeinen Verteilung! Du hast das Ganze bezahlt, also nimmst du auch das Ganze.

Gott hat den Preis für jeden Teil von DIR bezahlt. Jesus starb für DICH – nicht nur für die schmutzigen, unreinen, widerlichen, sündigen, unvollkommenen und mangelhaften Teile von dir. Er bezahlte den Preis für dich als komplette Person. Und du warst teuer!

Zum Kreuz kommen bedeutet also anzuerkennen, daß jeder Teil von dir rechtmäßig Gott gehört. »Ihr seid teuer erkauft« (1. Kor. 7,23).

Du hast ihm schon gehört, bevor du überhaupt daran gedacht hast, zum Kreuz zu kommen. Jesus hat den Preis für dich bezahlt, noch bevor du geboren wurdest. Es kann sein, daß du in der Vergangenheit nicht eingesehen oder anerkannt hast, daß dein Leben Gott gehört und daß er das vollkommene Recht dazu hat, mit dir zu tun, was ihm gefällt. Das ist nicht etwas, wovor du Angst haben müßtest, es ist seine Absicht, dich zu beschenken, dein Vater zu sein und all seine Verheißungen im Leben seines neutestamentlichen Kindes zu erfüllen.

Ein Scheinbekenntnis zu Jesus als deinem Herrn und Heiland kann nicht die wirklichen Veränderungen in deinem Leben herbeiführen, die dich dazu befähigen, nicht nur mit Gott als deinem Vater umzugehen, sondern auch zu glauben, daß er dir in jeder Not begegnet und jedes Gebet erhört.

Vollziehe eine gründliche Übergabe deines Lebens an Gott. Hier siehst du, wie du es machen kannst.

Ein Brief an Jesus

Nimm dir Zeit, um für dich allein still zu sein. Lege dir Bleistift und Papier bereit. Sprich zuerst ein einfaches Gebet wie dieses: »Herr, bitte zeige mir mich selbst, wie ich wirklich bin, und alles, was ich dir übergeben muß.« Dann fange an alles aufzuschreiben, was dir einfällt. Erwarte nicht, eine vernehmbare Stimme aus dem Himmel zu hören – Gott wird deinen Geist benützen, um dir zu zeigen, was du ihm übergeben mußt.

Wenn ich selber das tue, dann schreibe ich es auf in Form eines Briefes an Jesus. Das ist persönlicher als eine Liste von Punkten. Solch ein Brief kann etwa so beginnen:

Lieber Jesus,
ich biete dir mein Leben an, und das ist es, was ich dir jetzt gebe: ...

Du wirst beides niederschreiben müssen, die negativen und die positiven Aspekte deines Lebens. Ich werde dir im folgenden die Art von Dingen zusammenstellen, die ich meine, obwohl sie nicht unbedingt in dieser Form geordnet sein müssen, wenn du deinen Brief schreibst. Das ist egal. Du brauchst auch nicht in schönem Deutsch zu schreiben. Gott möchte, daß du das ausdrückst, was in deinem Herzen ist.

A. Das Negative

Meine Sünden: Alles aus deiner Vergangenheit, was dich plagt, sogar Dinge aus deiner Kindheit; deine Schuld und dein Versagen. Versuche nicht, dich an jede Sünde zu erinnern, die du je begangen hast – dafür würdest du ein Buch brauchen, nicht nur ein Blatt Papier! Die wichtigen Dinge werden dir zum Bewußtsein kommen.

Meine Ängste: Vor Menschen, vor bestimmten Situationen, vor dem Tod, vor der Zukunft, ja sogar deine Angst davor, dein Leben Gott zu geben. Versuche nicht, eine Psychoanalyse mit dir selbst durchzuführen oder den Herrn mit dem Wissen darüber zu beeindrucken, warum du diese Ängste hast. Schreibe sie einfach nieder, um sie ihm zu übergeben.

Meine Zweifel: Der Zweifel ist eine geistliche Krankheit, die du selbst niemals wirst loswerden können. Bringe deine Zweifel zu Jesus, damit er mit ihnen fertig wird. Sei ehrlich zu ihm, denn nur er kann dein Zweifeln in Glauben umwandeln.

B. Das Positive

Viele Menschen bringen die negativen Dinge zum Kreuz, wenn sie Christen werden. Viele jedoch haben noch nie die positive Seite ihres Lebens in Einzelheiten dargebracht. Später werden wir sehen, wie wichtig das ist.

Meine Beziehungen: Es ist besonders wichtig, daß du Gott alle Bitterkeit, allen Groll und Ärger übergibst, die du gegen irgend jemanden empfindest, auch wenn du jahrelang an diesen Gefühlen festgehalten hast, weil dich jemand verletzt hat. Das ist nicht immer einfach. Indem du dich Gott übergibst, gibst du ihm deine Gefühle, die ganze Situation mit allem Kummer, Jammer, Schmerz und aller Traurigkeit, die daraus hervorgingen.

Meine Ehe: Selbstsüchtige und besitzergreifende Liebe kann Beziehungen leicht zerstören. Auch dein Ehemann oder deine Ehefrau gehört Gott. Viele Ehen sind von tiefen Spannungen geheilt worden, wenn die Eheleute zugestanden, daß ihr Leben sowie auch das des Partners Gottes Eigentum ist.

Meine Kinder: Auch sie sind sein Eigentum. Oft haben todkranke Kinder erst dann angefangen, sich zu erholen, als ihre Eltern sie dem Herrn übergaben, anstatt sie für sich selbst festzuhalten. Gott kann das, was in seine Hände gegeben wird, füllen, berühren und heilen.

Mein Zuhause und mein Familienleben: Gott möchte dein Heim mit seiner Liebe und seinem Lobpreis füllen, dann wird es ein Haus sein, wo Jesus lebt und sein Leben mitteilen möchte.

Meine Arbeit: Gott ist an deinem Arbeitsleben interessiert. Er möchte, daß du vorwärtskommst und seine dich befähigende Gegenwart kennst, wo immer du bist und in allem, was du zu tun hast.

Meine Zeit: Jeder Tag ist ein neues Geschenk von Gott, ein Tag, an dem er in unserem Leben geehrt und gepriesen werden kann. Deshalb ist es wichtig, auf welche Weise wir die Zeit nützen, die Gott uns gibt.

Mein Geld und mein Besitz: Wenn Jesus den Preis für dich bezahlt hat, dann gehört alles, was du bist und hast, rechtmäßig ihm – *sogar dein Geld.* Er ist nicht nur daran interessiert, wieviel du am Sonntag in die Kollekte gibst, sondern auch daran, wie du all die Finanzen und materiellen Mittel gebrauchst, die er dir zur Verfügung stellt. Auch unter dem Alten Bund war Israel nur von Erfolg begleitet, wenn das Volk treu war in seinen materiellen Abgaben an Gott.

Wenn du bereits Christ bist, ist es wichtig, auch das Folgende zu übergeben:

Meine Beziehung zu Gott: Deine Zeit für Gebet, Anbetung und Bibelstudium.

Mein Leben im Leib Christi: Wenn du zu Jesus gehörst, bist du ein Teil seines Leibes. Er verlangt von uns nicht, ›unabhängige‹ Christen zu sein, sondern »Glieder, eins am anderen«, die sein Leben teilen. Und denke daran: die Kirche, zu der du gehörst, ist nicht die deine, damit sie auf deine Art und Weise geführt wird. Sie soll das werden, was Gott will. Also übergib sie ihm. Und übergib dich selbst, damit er dich gebrauchen kann, diesen ›Leib‹ in Liebe und Vertrauen aufzuerbauen.

Es wird offensichtlich sein, daß die negativen und positiven Abschnitte sich nicht gegenseitig ausschließen. Wenn du zum Beispiel deine Zeit Gott darbringst, wird dir vielleicht bewußt, wie du sie manchmal mißbraucht hast. Für diesen Mißbrauch wirst du Gottes Vergebung brauchen.

Gott ist daran interessiert, daß das, was du schreibst, aus deinem Herzen kommt. Es ist für ihn unwichtig, wie geschickt es angeordnet ist.

Und warum sollst du diese Dinge aufschreiben? Dafür gibt es drei Gründe.

ERSTENS: Du wirst klar sehen, was du Gott an Schlechtem und Gutem zu übergeben hast in einer Art und Weise, die nicht möglich ist, wenn du nur einfach über dich nachdenkst.

ZWEITENS: Du wirst dich selber sehen, wie du wirklich bist. Das wird vielleicht nicht sehr angenehm sein, weil du möglicherweise nie zuvor mit einem Gesamtbild der entsetzlichen Wahrheit über dich selbst konfrontiert worden bist.

DRITTENS: Du wirst erkennen, daß die Übergabe deines Lebens an Gott nicht nur etwas ist, was du tun solltest oder was er von dir erwartet. Sie ist auch etwas, was du äußerst nötig hast. Nur er kann dich mit deiner ganzen Unordnung (Sünde, Versagen, Zweifel, Ängste) annehmen und dich dann in einen Menschen umwandeln, der mit seiner Liebe, seinem Leben, seiner Freude und seinem Frieden erfüllt ist, einen Menschen, dessen Bedürfnisse gestillt, dessen Leib, Seele und Geist geheilt und dessen Gebete erhört werden.

»Komm zu mir«

Was machst du mit dem, was du niedergeschrieben hast? Du hast zwei Möglichkeiten.

Entweder: Du gehst auf die Knie (wenn du körperlich dazu in der Lage bist) und breitest alles vor Jesus aus. Lies es ihm vor. Er ist der, der sagt: »Kommt her zu mir, alle, die ihr mühselig und beladen seid; ich will euch erquicken« (Mt. 11,28). Das ist ein Gebot: »Komm zu mir«. Wenn du gehorchst, gilt seine Verheißung: »So werdet ihr Ruhe finden für eure Seelen« (V. 29). Du wirst herausfinden, daß er gütig, liebevoll und verständnisvoll ist.

Bitte den Herrn, deine Sünde zu vergeben, dich von den Ängsten zu befreien und deine Zweifel zu zerstreuen. Bitte ihn, dich in jeder Weise zu heilen und dir einen vollkommenen Neuanfang für dein Leben zu geben, in dem alles Versagen der Vergangenheit vergeben ist, abgewaschen durch das reinigende Blut Jesu.

Bitte ihn um die kostbare Gabe des Heiligen Geistes (siehe nächstes Kapitel).

Er wird dich annehmen, weil dich das Blut Jesu für die Gemeinschaft mit ihm annehmbar gemacht hat. Er wird dir vergeben. Er wird dieses Werk der Erlösung und Heilung in dir beginnen, das sein Plan für dich ist. Und er wird dir seinen eigenen Geist geben, damit er in dir lebt.

Du wirst ein neues Herz und einen neuen Geist haben. Du wirst ein Kind des Neuen Bundes sein. Und das bedeutet, daß dir alle Verheißungen Gottes zur Verfügung stehen.

Oder: Du möchtest jemanden bitten, deinen Brief mit dir durchzubeten. Das sollte jemand sein, dem du voll vertrauen kannst und der in der Kraft des Heiligen Geistes ein geistliches Amt ausübt. Es ist nicht notwendig, eine dritte Person miteinzubeziehen. Aber manche Personen finden es leichter, die Zusicherung von Gottes Vergebung oder die heilende Kraft Jesu zu empfangen, wenn es jemanden gibt, der ihnen persönlich hilft und mit ihnen um die Erfüllung mit dem Heiligen Geist betet.

Gott wird deine Gebete erhören und wird deinen Herzenswunsch erfüllen, ob du nun allein oder zusammen mit jemand anderem betest.

Gott möchte geben

Vielleicht möchtest du erst das nächste Kapitel über das Empfangen des Heiligen Geistes lesen, bevor du diese Übergabe an Gott vollziehst. Gott möchte, daß du dich ihm schenkst, damit er sich dir schenken kann. Er möchte dich mit seinem Heiligen Geist füllen.

Das ist der Weg, den er gewählt hat: Erst geben wir ihm, dann gibt er uns. Später werden wir sehen, daß dies ein Grundsatz ist, der sich auch durch die Lehre Jesu zieht: »Mit welchem Maß ihr meßt, wird man euch wieder messen, und man wird euch noch dazugeben« (Mk. 4,24).

Gott möchte, daß du ihm deine Sünden gibst, damit er dir seine Vergebung schenken kann.

Gott möchte, daß du ihm deine Ängste gibst, damit er dich dazu frei machen kann, ihm zu vertrauen und dich auf ihn zu verlassen.

Gott möchte, daß du ihm deine Zweifel gibst, weil er dir ein neues, glaubendes Herz und eine neue Beziehung zu ihm schenken will, in der du ihn als deinen Vater kennst, der dich liebt.

Gott möchte, daß du ihm deine zwischenmenschlichen Beziehungen gibst, damit er die Wunden vergangener Verletzungen heilen und dich freimachen kann, andere zu lieben und dich von ihnen lieben zu lassen.

Gott möchte, daß du ihm deine Ehe gibst, damit aus ihr eine Ehe werden kann, die mit seiner Liebe erfüllt ist, in der er der Herr und ein Partner für euch beide ist.

Gott möchte, daß du ihm deine Kinder gibst, denn er möchte der Herr ihres Lebens sein und sie, so wie dich, großzügig beschenken.

Gott möchte, daß du ihm dein Zuhause gibst, damit er es mit seiner Gegenwart füllen und zu einem Ort machen kann, wo Menschen die Liebe Jesu erkennen.

Gott möchte, daß du ihm deine Arbeit gibst, damit er sie erfolgreich machen kann.

Gott möchte, daß du ihm deine Zeit gibst, denn er möchte dich beschenken, indem du lernst, andere zu beschenken.

Gott möchte, daß du ihm dein Geld und deinen Besitz gibst, damit er dir unermeßlich mehr zurückgeben kann, als du ihm gegeben hast.

Gott möchte, daß du ihm deine Beziehung zu ihm gibst, damit er fortfahren kann, dir sich selbst, seine Reichtümer, seine Segnungen, sein Leben, seine Liebe und seine Heilung zu schenken.

Gott möchte, daß du ihm dein Leben im Leib Christi, in seiner Kirche, gibst, denn durch die Liebe seines Volkes will er dir Freude in Anbetung, Gemeinschaft und Lehre schenken.

Du kannst den Herrn niemals im Geben übertreffen!

Wir geben aus unserer Armut – er gibt uns zurück aus seinen Reichtümern. Wir geben ihm in unserer Not – er gibt sich selbst und seine Quellen, um diesen Nöten abzuhelfen. Wir geben, während wir uns danach sehnen, von Gott geliebt zu werden – er gibt in der Sehnsucht, uns bis zum Überfließen mit seiner treuen und vollkommenen Liebe zu erfüllen.

Wir geben uns selbst. ER GIBT SICH SELBST.

Für mich ist das eines der größten Wunder des christlichen Lebens: Gott weiß alles über mich, wie schwach und unbrauchbar ich bin – und doch nimmt er mich an, liebt mich und schenkt sich mir.

Was für ein Gott! Was für einen Vater haben wir!

Dein Glaubenswort:
»Ich lebe, doch nun nicht ich, sondern Christus lebt in mir.«

Kapitel 9
Der Heilige Geist

Gott möchte sich dir schenken, in dir leben, indem er seinen eigenen Geist in dich hineingibt – den Heiligen Geist.
Gottes Verheißung über den Neuen Bund ist:

Ein neues Herz will ich euch geben, und einen neuen Geist will ich in euch geben.
Ich will meinen Geist in euch geben.
Ich will meinen Geist in euch geben, und ihr sollt leben.

Johannes der Täufer »predigte die Taufe der Buße zur Vergebung der Sünden« (Mk. 1,4). Aber er erklärte deutlich: »Es kommt einer nach mir, der ist stärker als ich« (Mk. 1,7). Von ihm versprach Johannes:

Ich taufe euch mit Wasser; aber er wird euch mit dem heiligen Geist taufen (Mk. 1,8).

Das Wort ›taufen‹ bedeutet vollständig bedecken oder ›untertauchen‹. Diejenigen, die zu Johannes kamen, wurden in Wasser untergetaucht, um zu zeigen, daß Gott ihre Sünden abwusch.
Die, die zu Jesus kommen, sollen nicht nur in Wasser untergetaucht werden und von der Sünde gereinigt werden – sie sollen auch im Geist Gottes untergetaucht werden und mit seiner Kraft und Liebe erfüllt werden. Jesus sagte:

Wahrlich, wahrlich, ich sage dir: Es sei denn, daß jemand geboren werde aus Wasser und Geist, so kann er nicht in das Reich Gottes kommen (Joh. 3,5).

Durch den Akt des Glaubens an Jesus gibt Gott uns ewiges Leben, werden wir aus dem Geist geboren und bekommen »Macht, Gottes Kinder zu werden« (Joh. 1,12).

Also hat Gott die Welt geliebt, daß er seinen eingeborenen Sohn gab, damit alle, die an ihn glauben, nicht verloren werden, sondern das ewige Leben haben (Joh. 3,16).

Gottes Absicht ist jedoch, daß wir nicht nur aus dem Geist geboren werden sollen, sondern daß wir auch im Geist untergetaucht, von ihm vollständig umhüllt werden und bis zum Überfließen mit seiner Liebe, seinem Leben und seiner Kraft erfüllt werden.

Der Ratgeber

Die Jünger waren an die körperliche Gegenwart Jesu gewöhnt. Die Vorschau auf seinen drohenden Tod machte ihnen großen Kummer. Jesus versicherte ihnen, daß sie nicht sich selbst überlassen bleiben sollten.

Und ich will den Vater bitten, und er wird euch einen andern Tröster (Beistand) geben, daß er bei euch sei in Ewigkeit: den Geist der Wahrheit, den die Welt nicht empfangen kann, denn sie sieht ihn nicht und kennt ihn nicht. Ihr kennt ihn, denn er bleibt bei euch und wird in euch sein (Joh. 14,16f.).

Sie hatten das Wirken des Geistes im Leben und Dienst Jesu gekannt und in der Arbeit, zu der er sie bevollmächtigt hatte: im Predigen der guten Nachricht vom Königreich Gottes und im Heilen der Kranken. Der Geist Jesu, der Heilige Geist, war mit ihnen gewesen. Jetzt gibt der Herr die Verheißung, daß der Geist *in* ihnen sein wird.

Aber der Tröster (Beistand), der heilige Geist, den mein Vater senden wird in meinem Namen, der wird euch alles lehren und euch an alles erinnern, was ich euch gesagt habe (Joh. 14,26).

Der Heilige Geist ist der Ratgeber, der Fürsprecher, derjenige, der für uns sprechen und handeln wird. Er ist der Geist der Wahrheit, der uns die Worte Jesu lehren und erklären wird. Das ist von entscheidender Wichtigkeit.

Wenn wir seine Worte und Verheißungen glauben sollen, werden wir den Heiligen Geist brauchen, um sie für uns lebendig zu machen. Nur der Geist kann die Worte Jesu zu unserem Herzen sprechen, so daß wir sie glauben.

Du kannst dir die äußerste Mühe geben, die Worte Jesu zu glauben, und wirst es doch niemals schaffen. Aber wenn der Geist sie dir erklärt, dann schafft er dieses innere ›Wissen‹, daß Gott meint, was er sagt, und daß er es tun wird. Er wird seine Verheißungen erfüllen.

Er wird mich verherrlichen; denn von dem Meinen wird er's nehmen und euch verkündigen (Joh. 16,14).

Ströme lebendigen Wassers

Aber am letzten Tag des Festes, der der höchste war, trat Jesus auf und rief: Wen da dürstet, der komme zu mir und trinke! Wer an mich glaubt, wie die Schrift sagt, von dessen Leib werden Ströme lebendigen Wassers fließen. Das sagte er aber von dem Geist, den die empfangen sollten, die an ihn glaubten; denn der Geist war noch nicht da; denn Jesus war noch nicht verherrlicht (Joh. 7,37–39).

Aus diesem neuen Herz, das Gott seinen neutestamentlichen Kindern gibt, sollen »Ströme lebendigen Wassers« fließen. Der Heilige Geist soll nicht nur unser Leben füllen, sondern auch von uns ausströmen. Und zwar nicht als ein winziger rieselnder Bach, nicht einmal als breiter Fluß, sondern in STRÖMEN. Ströme von Liebe, Leben, Freude, Frieden, Kraft, Vergebung, Heilung und Glauben – Ströme des Lebens Jesu.

Aber der Geist Jesu konnte so lange nicht ausgegossen werden, um in Gottes Leuten zu leben, bis Jesus sein Leben am Kreuz gegeben hatte, vom Tod auferstanden und zu seinem Vater im Himmel zurückgekehrt war. Er sollte Herrlichkeit empfangen, und die, die an ihn glaubten, sollten dann den Heiligen Geist erhalten können.

Jesus erschien seinen Jüngern in seinem Auferstehungsleib.

Und als er mit ihnen zusammen war, befahl er ihnen, Jerusalem nicht zu verlassen, sondern zu warten auf die Verheißung des Vaters, die ihr, so sprach er, von mir gehört habt; denn Johannes hat mit Wasser getauft, ihr aber sollt mit dem Heiligen Geist getauft werden nicht lange nach diesen Tagen (Apg. 1,4f.).

Und Jesus sagte ihnen, was das für sie bedeuten würde:

Ihr werdet die Kraft des heiligen Geistes empfangen, der auf euch kommen wird, und werdet meine Zeugen sein in Jerusalem und in ganz Judäa und Samarien und bis an das Ende der Erde (Apg. 1,8).

»Ihr werdet die Kraft ...« empfangen. Im Bericht des Lukas lesen wir:

Und siehe, ich will auf euch herabsenden, was mein Vater verheißen hat. Ihr aber sollt in der Stadt bleiben, bis ihr ausgerüstet werdet mit Kraft aus der Höhe (Lk. 24,49).

Als neutestamentliche Kinder zu leben heißt, mit Gottes Kraft in uns zu leben. Es heißt, ihn als unseren Vater zu kennen, der uns liebt und für uns sorgt. Paulus sagt:

Weil ihr nun Kinder seid, hat Gott den Geist seines Sohnes gesandt in unsre Herzen, der da ruft: Abba, lieber Vater! So bist du nun nicht mehr Knecht, sondern Kind; wenn aber Kind, dann auch Erbe durch Gott (Gal. 4,6f.).

Dann bist du auch ein Erbe aller Bundesverheißungen Gottes im Alten und Neuen Testament!

Den Geist empfangen

Jesus gebietet uns, den Vater zu bitten, und der wird uns den Heiligen Geist geben.

Bittet, so wird euch gegeben; suchet, so werdet ihr finden; klopfet an, so wird euch aufgetan: Denn wer da bittet, der empfängt; und wer da sucht, der findet; und wer da anklopft, dem wird aufgetan. Wo ist unter euch ein Vater, der seinem Sohn, wenn der ihn um einen Fisch bittet, eine Schlange für den Fisch biete? oder der ihm, wenn er um ein Ei bittet, einen Skorpion dafür biete? Wenn nun ihr, die ihr böse seid, euren Kindern gute Gaben geben könnt, wieviel mehr wird der Vater im Himmel den heiligen Geist geben denen, die ihn bitten! (Lk. 11,9—13).

Aus diesen Worten Jesu merke dir folgendes:

1. Es wird uns geboten zu bitten, und wir bekommen die Verheißung: »Wer da bittet, der empfängt«.

2. Gott wird nicht irgend etwas Schädliches geben. Er möchte uns nicht zugrunde richten, sondern uns segnen und uns Leben geben.
3. Sogar irdische Väter wissen ihre Kinder richtig zu behandeln und ihnen die guten Dinge zu geben, die sie brauchen und wünschen. Wieviel mehr wird unser vollkommener himmlischer Vater uns Gutes geben! Genaugenommen gibt er uns das Beste: sich selbst und seinen Geist.
4. Gott *will* den Heiligen Geist »denen geben, die ihn bitten«.

Paulus fragt die Galater: »Habt ihr den Geist empfangen durch des Gesetzes Werk oder durch die Predigt vom Glauben?« (Gal. 3,2). Wenn wir versuchen, Gottes Gebote zu halten, wird das nicht zur Folge haben, daß wir mit seiner Kraft erfüllt werden. Mit unseren eigenen Anstrengungen, Gott zu gefallen, können wir uns nicht das Recht verdienen, mit dem Heiligen Geist erfüllt zu werden.

Nein, der Geist ist das, »was mein Vater verheißen hat«, wie Jesus sagt. Du erhältst die Gabe dadurch, daß du diese Verheißung für dich selbst hörst, zu Jesus kommst und ihn bittest, dich mit dem Heiligen Geist zu füllen – die »Ströme lebendigen Wassers« in deinem Leben freizusetzen.

Dann wird Gott dir seinen Geist geben, weil er versprochen hat, genau das zu tun, und er ist treu!

Drei Warnungen

1. Versuche jede vorgefaßte Meinung davon, wie es sein wird, wenn du mit dem Heiligen Geist erfüllt oder getauft bist, zu vermeiden. Schaue nicht auf andere Leute oder ihre Erfahrungen und versuche nicht, wie sie zu sein. Gott wird in deinem Leben auf eine einzigartige und persönliche Weise wirken, die für dich genau richtig sein wird.
2. Jesus sagt nicht, daß du eine ganz bestimmte Gabe oder Äußerung des Geistes als Beweis dafür brauchst, daß du ihn empfangen hast. Er verheißt nur: »Bittet, so wird euch gegeben.« Und er fügt hinzu: »Wer da bittet, der empfängt.« Er sagt nicht: »Jeder außer dir!«, sondern: »Jeder, der bittet!«
3. Suche nicht nach besonderen Gefühlen oder Erfahrungen. Manche Menschen haben ›eine Erfahrung‹, aber viele haben keine, besonders in dem Augenblick, in dem sie bitten. Manche sind versucht

zu bezweifeln, daß Gott sein Versprechen eingelöst und die Gabe geschenkt hat, wenn sie nicht ›eine Erfahrung‹ haben. Oft stellen sie sich selber auf den Kopf auf der Suche nach irgendeiner verborgenen Sünde, die die Ursache für Gottes Mißfallen und der Grund für das Zurückhalten der Gabe sein könnte, während es ihr eigentliches Problem ist, daß sie nicht an Gottes Treue glauben, mit der er sein Wort erfüllt. Die ›Erfahrung‹ folgt dem Glauben, sie geht ihm nicht voraus! Wenn wir nach der Verwirklichung von Gottes Verheißungen in unserem Leben trachten, dann ist das nicht nur eine Sache des Bittens, sondern auch des Glaubens, während wir bitten.

Bereite dich zuerst vor

Bitte nicht darum, mit dem Heiligen Geist erfüllt zu werden, bevor du nicht das getan hast, was das vorige Kapitel empfiehlt. Du mußt zum Kreuz kommen, bevor du ein persönliches Pfingsten erleben kannst.

Oder, wenn du bereits ein Christ bist, komme zurück zum Kreuz und erneuere die Übergabe deines Lebens; und dann bitte darum, mit dieser »Kraft aus der Höhe« erfüllt zu werden. Gott wird dich erhören, weil er dich liebt, und wird dir geben, was er durch seinen Sohn Jesus versprochen hat.

Gottes unaufhörliches Geben

Von Zeit zu Zeit wirst du in deinem geistlichen Leben feststellen, daß Gott dich zum Kreuz zurückruft, zu einer neuen Umkehr und zu einer neuen Übergabe deines Lebens an ihn. Es ist klug, ohne Verzögerung auf den Herrn einzugehen. Er ruft uns nur zu einer neuen Umkehr, weil er weiß, daß sie nötig ist und den Weg frei machen wird für ein neues Ausgießen seines Heiligen Geistes auf unser Leben, ein neues Freisetzen der »Ströme lebendigen Wassers« in uns.

Die Jünger wurden am Pfingstfest zum ersten Mal mit dem Heiligen Geist erfüllt (siehe Apg. 2). Nicht lange danach beteten sie zusammen und baten Gott,

gib deinen Knechten, mit allem Freimut zu reden dein Wort; strecke deine Hand aus, daß Heilungen und Zeichen und Wunder geschehen durch den Namen deines heiligen Knechtes Jesus. Und als sie gebetet hatten, erbebte die Stätte, wo sie versammelt waren; und sie wurden alle vom heiligen Geist erfüllt und redeten das Wort Gottes mit Freimut (Apg. 4,29–31).

Sie wurden wieder erfüllt! Wie bei jenen ersten Jüngern müssen auch in unserem Leben diese ›Ströme‹ weiterfließen. Gott möchte, daß diese ›Ströme‹ unaufhörlich freigesetzt werden und uns befähigen zu lieben, zu dienen und zu glauben.

Dein Glaubenswort:
»Ich will meinen Geist in euch geben, und ihr sollt leben.«

Kapitel 10
Das Wort

Willst du Gott so glauben, daß er *deine* Gebete erhört?
An ihn, sein Wort und seine Verheißungen glauben kannst du nur durch das Wirken des Heiligen Geistes in dir. Denn daß du mit dem Heiligen Geist erfüllt bist, heißt nicht, daß du automatisch glaubst und die Erhörung deiner Gebete erleben wirst. Aber der Geist wird »euch alles lehren und euch an alles erinnern, was ich euch gesagt habe« (Joh. 14,26). Es ist die Aufgabe des Geistes, dir die Worte Jesu zu erklären.

Fels

Wenn nun der Heilige Geist in dir zu arbeiten beginnt, dann bekommen die Worte der Schrift eine neue Bedeutung. Es scheint, daß sie an dich persönlich gerichtet sind und für dein Leben Bedeutung haben. Jesus sagte: »Die Worte, die ich zu euch geredet habe, die sind Geist und sind Leben« (Joh. 6,63).

Die Worte Jesu sind nicht nur für die Zeiten gedacht, in denen sie gesprochen wurden oder als die Bücher der Bibel geschrieben wurden. Sie sind Worte des ewigen Lebens mit ewiger Bedeutung und ewigem Sinn. »Du hast Worte des ewigen Lebens« (Joh. 6,68), sagt Simon Petrus zu Jesus. Jesus selbst sagte: »Himmel und Erde werden vergehen; ABER MEINE WORTE WERDEN NICHT VERGEHEN« (Mt. 24,35).

Dieser Vers ist ein Goldkörnchen! Bist du dir im klaren darüber, daß die Worte Jesu glaubwürdiger und verläßlicher sind als der Boden, auf dem du stehst? Du erwartest nicht, daß jeden Augenblick der Grund unter deinen Füßen nachgibt. Und doch wird eine Zeit kommen, in der die Erde ›vergehen‹ wird, aber die Worte Jesu werden nie vergehen. Sie sind für immer zuverlässig, und wenn wir unser Leben auf sie gründen, stehen wir auf dem festen Felsen, von dem Jesus spricht.

Darum, wer diese meine Rede hört und tut sie, der gleicht einem klugen Mann, der sein Haus auf Fels baute. Als nun ein Platzregen fiel und die Wasser kamen und die Winde wehten und stießen an das Haus, fiel es doch nicht ein; denn es war auf Fels gegründet (Mt. 7,24f.).

Sand

Wenn du nicht auf dem Felsen stehst, indem du dich auf die Worte Jesu verläßt, dann stehst du auf Sand – und das ist verhängnisvoll. Der Sand kann aus vielen verschiedenen Dingen bestehen:

Wenn du dein Leben auf die Meinungen von Menschen oder gar auf deine eigenen Meinungen gründest, dann ist das Sand.

Wenn du deinen eigenen Vorstellungen über Gott glaubst, anstatt dem, was die Bibel von ihm offenbart, dann ist das Sand.

Der Sand kann auch darin bestehen, daß du dich darauf verläßt, mit Gott Erfahrungen zu machen. Die Erfahrungen sind gut und schön. Aber wenn sie die Basis deines Glaubens sind, was passiert dann, wenn du keine Erfahrungen hast? Dann scheint Gott weit entfernt zu sein und alles kracht über dir zusammen.

Der Sand kann auch so aussehen, daß du dazu lebst, um dich selbst zu erfreuen, anstatt für Gott zu leben und anderen zu geben.

Wenn du immer empfangen möchtest, ohne zuerst zu geben, dann ist das Sand.

Was sagt Jesus über das Bauen auf Sand? Er sagt, daß nur ein törichter Mann so etwas tut, und wenn der Sturm kommt, dann fällt das Haus ein, »und sein Fall war groß«.

Während der ersten Jahre meines Christenlebens wurde mir beigebracht, daß unsere Vernunft so wichtig ist wie die Bibel. Man geht an die Schriftworte heran und wendet seine eigene Urteilskraft an. Folglich glaubt man das, was man vernunftmäßig als wahr annehmen kann, und ist frei, den Rest ad acta zu legen. Das Ergebnis war ein verhältnismäßig kraftloses Leben und Dienen.

Dann begann ich, das Wort mit den Augen des Geistes zu sehen. Ich begann es zu glauben, anstatt es zu kritisieren! Ich begann es anzunehmen, anstatt es zu zerpflücken, um es nicht glauben zu müssen.

Das Resultat war ein neues Leben und ein neuer Dienst, in dem ich die Kraft Gottes am Werk sehen konnte auf eine Art und Weise, die ich niemals für möglich gehalten hätte, aber auf eine Weise, die GOTT IN SEINEM WORT VERSPRICHT.

Dem Wort glauben

Wenn du dem Wort Gottes glaubst, dann kann das, was er sagt, verwandelt werden in Aktion, in Gottes Handeln in deinem Leben und in seiner Welt um dich herum. Die Bibel legt Nachdruck darauf, wie wichtig es ist, daß wir die Worte Gottes hören und sie glauben. Im Alten Testament lesen wir:

Laß dein Herz meine Worte aufnehmen; halte meine Gebote, so wirst du leben (Sprüche 4, 4).
  Höre, mein Sohn, und nimm an meine Rede (Sprüche 4,10).

Unser Wohlergehen ist der Grund für Gottes Interesse daran, daß wir seine Worte beachten:

Mein Sohn, merke auf meine Rede und neige dein Ohr zu meinen Worten. Laß sie dir nicht aus den Augen kommen; behalte sie in deinem Herzen, denn sie sind das Leben denen, die sie finden und heilsam ihrem ganzen Leibe (Spr. 4,20–22).

Das Wort Gottes öffnet uns auch das Verständnis für Gottes Wege:

Wenn dein Wort offenbar wird, so erfreut es und macht klug die Unverständigen (Ps. 119,130).

Dein Wort ist meines Fußes Leuchte und ein Licht auf meinem Wege (Ps. 119,105).

Da er das Wort Gottes in menschlichem Fleisch war, sind die Worte Jesu Worte des Lebens:

Wer mein Wort hört und glaubt dem, der mich gesandt hat, der hat das ewige Leben (Joh. 5,24).
  Die Worte, die ich zu euch geredet habe, die sind Geist und sind Leben (Joh. 6,63).

Als er zu seinem Vater betete, sagte er:

Dein Wort ist die Wahrheit (Joh. 17,17).

Deshalb gilt: »Der Mensch lebt nicht vom Brot allein, sondern von

EINEM JEDEN WORT, das aus dem Munde Gottes geht« (Mt. 4,4) – von seinen Worten, die Gott zu seinen Kindern spricht. Und der Herr verspricht seinen Jüngern:

Wenn ihr in mir bleibt und MEINE WORTE IN EUCH BLEIBEN, *werdet ihr bitten, was ihr wollt, und es wird euch widerfahren (Joh. 15,7).*

Kein Wunder, daß Paulus sagt: »Laßt das Wort Christi reichlich unter euch wohnen« (Kol. 3,16).

Der erneuerte Verstand

Gott will nicht, daß wir unsere geistigen Kräfte verschwenden, so daß wir zu ›hirnlosen‹ Christen werden. Gott möchte, daß wir unseren Verstand und Intellekt ihm geben, damit es ein geheiligter Intellekt wird, ein Verstand, durch den Gott seine Weisheit und seine Wahrheit offenbaren kann. Paulus sagt uns:

Ändert euch durch Erneuerung eures Sinnes, damit ihr prüfen könnt, was Gottes Wille ist, nämlich das Gute und Wohlgefällige und Vollkommene (Röm. 12,2).

Christsein bringt eine ganz neue Art zu denken mit sich: ich sehe die Situation nicht mehr mit einer typisch menschlichen Geisteshaltung, sondern wie Gott sie sieht. Was uns als unüberwindliches Problem erscheint, ist für ihn eine Gelegenheit, seine Liebe und Macht zu offenbaren.

Ich stoße auf so viele Situationen, in denen ich nicht verstehen kann, warum Gott diese bestimmte Serie von Umständen eintreten läßt. Ich muß mich an die Schrift erinnern:

Denn meine Gedanken sind nicht eure Gedanken, und eure Wege sind nicht meine Wege, spricht der Herr, sondern so viel der Himmel höher ist als die Erde, so sind auch meine Wege höher als eure Wege und meine Gedanken als eure Gedanken (Jes. 55,8f.).

Unser Verstand braucht ein lebenslanges ›Umschulungs-Programm‹. Aber ich habe es gelernt, meinem Vater im Himmel zu vertrauen und zu wissen, daß er niemals die Herrschaft über eine Situation verliert.

Jesus Glauben schenken

Wir können so sehr dankbar sein für die Bibel, denn das geschriebene Wort Gottes offenbart uns seine Gedanken und Wege. Wenn wir erleben sollen, wie Gott unsere Gebete erhört, dann werden wir genau hinsehen müssen auf das, was Jesus über beten und bitten sagt. Wir werden so beten müssen, wie er es uns sagt, und sehen, was er uns verheißt. Diese Verheißungen enthüllen, was Gott im Sinn hat und was er im Leben seiner Kinder gerne tun möchte.

Du kannst Jesus nicht von seinen Worten trennen. Wenn du die Autorität Jesu über dein Leben akzeptierst, dann akzeptierst du auch die Autorität seiner Worte. Wenn Jesus dein Herr ist, dann sind dir seine Worte kostbar. Sie sind »Worte des ewigen Lebens«, sie »sind Geist und sind Leben«. Und du wirst dich dem Wort zuwenden, um die Führung und die Antworten zu bekommen, die du brauchst.

Das heißt nicht, daß die Bibel der einzige Weg für Gottes Offenbarung an uns ist. Wir haben bereits gesehen, wie die Bibel ohne das Wirken des Geistes als toter Buchstabe erscheinen kann. Jesus versprach, daß seine Wahrheit durch den Geist offenbart werden würde. Das Wort und der Geist gehören zusammen.

Wenn der Geist die Worte Jesu zu deinem Herzen spricht, dann wird alles möglich.

Dein Glaubenswort:
»Himmel und Erde werden vergehen; aber meine Worte werden nicht vergehen.«

Kapitel 11
Der Gott der Verheißung

Gott wirkt durch Verheißung im Leben seiner Kinder. Im Alten Bund erwies er sich als seinem Wort getreu. Jedesmal, wenn sein Volk ihm gehorchte und seine Seite des Abkommens erfüllte, erlebte es die Segnungen und den Aufschwung, den er versprochen hatte.

Gelobet sei der Herr, der seinem Volk Israel Ruhe gegeben hat, wie er es zugesagt hat. Es ist nicht eins dahingefallen von allen seinen guten Worten, die er geredet hat durch seinen Knecht Mose (1. Kön. 8,56).

Unter dem Neuen Bund ist er immer noch der Gott der Verheißung. Die, die davon leben, seinen Worten zu vertrauen, werden in ihrem Leben die Erfüllung all dessen sehen, was Gott zu tun und zu geben verspricht.

Aus dem Glauben leben

Die großen Glaubensmänner der Bibel sind jene, die den Verheißungen glaubten, die Gott ihnen gab. Paulus schreibt über Abraham:

Er zweifelte nicht an der Verheißung Gottes durch Unglauben, sondern wurde stark im Glauben und gab Gott die Ehre und wußte aufs allergewisseste: Was Gott verheißt, das kann er auch tun (Röm. 4,20f.).

Aus dem Glauben leben heißt, von den Verheißungen Gottes leben!
  Es genügt nicht zu glauben, daß Gott Verheißungen gibt. Wir leben nur dann aus dem Glauben, wenn wir darauf vertrauen, daß Gott seine Worte in unserem Leben wahr macht.
  Ein Christ glaubt *an* Jesus. Er glaubt, daß er der Sohn Gottes und unser Erlöser und Herr ist.
  Dieser gleiche Christ mag glauben, *daß* Jesus durch seinen Geist heute die gleichen Dinge tun kann, die er in seinem physischen Leib

vor fast zweitausend Jahren getan hat. Er mag deshalb auch glauben, *daß* Jesus die Kranken heilen und Wunder vollbringen kann.

Das heißt aber noch nicht, daß er daran glaubt, daß Jesus diese Dinge *in Erwiderung auf seine Gebete* tut. Er übt sich nur dann im Glauben auf die Art und Weise, die Jesus lehrt, wenn er nicht nur *an* Jesus glaubt, oder *daß* Jesus kann, sondern *wenn er glaubt, daß Jesus das tut, worum er ihn bittet!* – Wenn er also gemäß den Verheißungen Gottes handelt.

Glaube

Glaube heißt nicht nur, an Jesus zu glauben.

Glaube heißt nicht nur, für wahr zu halten, daß Jesus heute wirken kann.

Glaube heißt, Jesus zu vertrauen, daß er es tut: die Not steuern, das Gebet beantworten, die Situation ändern, sogar wenn ein Wunder dazu nötig ist.

Wie können wir solchen Glauben bekommen? Und wie können wir ihn ausüben, wenn wir ihn haben?

So kommt der Glaube aus der Predigt, das Predigen aber durch das Wort Christi (Röm. 10,17).

Der euch nun den Geist darreicht und tut solche Taten unter euch, tut er's durch des Gesetzes Werke oder durch die Predigt vom Glauben? (Gal. 3,5).

Du lebst noch nicht unbedingt aus dem Glauben, wenn du mit einer Bibel unter dem Arm herumläufst und sagst: »Das ist das Wort Gottes, und ich glaube es!«

Wenn du wirklich dem Wort glaubst, dann wirst du es in deinem Leben arbeiten lassen und du wirst Gott das tun sehen, was er verspricht.

Glaube ist:
> Hören, was Gott sagt,
> es annehmen oder glauben,
> UND DANACH HANDELN.

Alle Verheißungen

Paulus sagt von seinen Brüdern in Christus: »Denen die Kindschaft gehört und die Herrlichkeit und der Bund und das Gesetz und der Gottesdienst und die Verheißungen« (Röm. 9,4).

Christen sind Gottes Kinder. Ihnen gehören die *Bünde* – im Plural. Ihnen gehören die Verheißungen – DIE VERHEISSUNGEN DES ALTEN UND NEUEN TESTAMENTS.

Jesus hebt die alten Verheißungen Gottes an Israel nicht auf, sondern er kam, um sie zu bestätigen und zu erfüllen. Aber die neuen Verheißungen, die Jesus gibt, sind sogar besser als die alten! »Wie er ja auch der Mittler eines besseren Bundes ist, der auf bessere Verheißungen gegründet ist« (Hebr. 8,6).

Paulus schreibt den Korinthern:

AUF ALLE GOTTESVERHEISSUNGEN IST IN IHM DAS JA *(2. Kor. 1,20).*

Er kam, um die alten Verheißungen zu bestätigen.

Er kam, um die neuen Verheißungen zu geben.

Sein Vater wird sie alle einlösen. Das bedeutet, daß sie sich in unserem Leben erfüllen werden, WENN WIR IHNEN GLAUBEN, wenn wir den GLAUBEN haben, uns auf sie zu verlassen!

Bevor wir Christen wurden, hatten wir keinen Anteil an diesen Verheißungen.

Denkt daran, daß ihr zu jener Zeit ohne Christus wart, ausgeschlossen vom Bürgerrecht Israels und Fremde außerhalb des Bundes der Verheißung; daher hattet ihr keine Hoffnung und wart ohne Gott in der Welt (Eph. 2,12).

Jetzt, wo wir Christen sind, leben wir in Gemeinschaft mit Christus, und die »Bünde der Verheißung« sind unser Erbe. Gott möchte seine Worte in unserem Leben verwirklicht sehen. Er möchte, daß wir seine Gaben empfangen und ihn unsere Bedürfnisse stillen lassen. »Glaubt mir«, sagt Gott zu uns, »und ich werde tun, worum ihr bittet.«

Wir werden gewarnt, »nicht träge« zu werden, »sondern Nachfolger derer, die durch Glauben und Geduld die Verheißungen erwerben« (Hebr. 6,12).

Beachte, daß beides, GLAUBE und GEDULD, nötig sein wird.

Die Verheißungen aufnehmen

Die Verheißungen lesen heißt noch nicht, daß du sie glauben oder gar in persönlicher Weise ›hören‹ wirst.

Wenn du eine spezielle Not hast, magst du in der Bibel nach Hilfe suchen und viele Verse entdecken, die sich auf deine Situation beziehen, einschließlich einiger Verheißungen. Das Problem ist, wie du sie glauben kannst!

Manchmal tut das der Heilige Geist sofort für dich. Die Worte scheinen aus der Seite heraus und in dein Herz zu springen. Du magst dieselben Worte schon unzählige Male vorher gelesen haben – aber jetzt sind sie für DICH.

Es ist jedoch nicht immer so einfach. Gott möchte auch nicht, daß seine Kinder sich nur dann seinem Wort zuwenden, wenn sie eine spezielle Not haben. Er möchte, daß sie unaufhörlich von seinen Verheißungen leben, denn nur dann werden sie aus dem Glauben leben und auf ihn vertrauen. Die Verheißungen müssen irgendwie zu lebendigen Worten in unserem tiefsten Innern werden. Wie können wir sie vom Kopf ins Herz verschieben?

Eine einfache Methode

Hier ist eine einfache Methode, wie du die Verheißungen Gottes in dir bewahren kannst. Es ist der Weg, den ich als wirksamsten herausgefunden habe – nicht nur für mich selbst, sondern auch für viele andere.

ERSTENS: Nimm dir eine der Verheißungen aus dem Alten oder Neuen Testament vor. Als Gottes Bundes-Kind erbst du sie alle!

ZWEITENS: Setze dich in einen einigermaßen bequemen Stuhl und entspanne dich so gut wie möglich. Verbringe einige Minuten damit, daß du die Spannungen des Tages aus deinem Körper und Geist herausfließen läßt. Laß es bewußt zu, daß deine Muskeln sich lockern.

DRITTENS: Nimm dir ein oder zwei Minuten Zeit, um Gott die Dinge zu übergeben, die für dich wichtig sind, damit sie dir nicht in die Quere kommen, wenn du hören oder aufnehmen willst, was Gott in seinem Wort sagt. Diese Zeit ist aber nicht dazu da, daß du dich hinsetzt und über deine Probleme nachdenkst. Laß sie einfach ein paar Minuten lang los. Vielleicht ist es nötig, daß du Gott um Vergebung bittest, und möglicherweise mußt du jemandem vergeben, der dir Unrecht getan oder dich verletzt hat.

VIERTENS: Nimm die Verheißung, die du gewählt hast, und lies sie einige Male langsam durch. Wenn du allein bist, magst du sie vielleicht laut, aber ruhig, aussprechen. Das fördert oft die Konzentration. Versuche nicht, mit deinem Verstand die Bedeutung der Worte herauszufinden. ›Höre‹, wie Gott sie zu dir, zu deinem Geist spricht. Wiederhole die Verheißung immer und immer wieder. Nimm sie in dich auf. Am Anfang wirst du nur ein paar Minuten mit dem einen Satz verbringen können. Wenn du dich aber an diese Art des Betens gewöhnst, wirst du fähig sein, dich viel längere Zeit auf ein und denselben Satz zu konzentrieren. Es ist besser, sich zwei oder dreimal am Tag ein paar Minuten vorzunehmen, als das ›Aufnehmen‹ zu lange auf einmal zu versuchen.

Es wird nichts Dramatisches geschehen. Oft magst du dich auch so fühlen, als ob überhaupt nichts passiert wäre. Aber wenn du eine Woche oder länger bei der gleichen Verheißung bleibst, wird sie ein Teil von dir und von deinem Erbe als ein Kind deines himmlischen Vaters.

Dein Glaubenswort:
»Meine Worte ... sind das Leben denen, die sie finden, und heilsam ihrem ganzen Leibe.«

Zugehörig zu diesem Buch bereitet der Autor zur Zeit eine Reihe von täglichen Meditationen vor, bei denen er diese Methode des Betens anwendet und beschreibt, wie man das Wort Gottes als wirksames Mittel zur Heilung für sich selbst und zur Fürbitte für andere gebrauchen kann. Diese Meditationen werden in Kürze unter dem Titel ›Listen and Live‹ (›Höre und lebe‹) veröffentlicht werden.

Kapitel 12
Alte Verheißungen

Gottes Verheißungen sprechen in deine Situation hinein. Er hat immer ein Wort, das deiner Not begegnet.

Wenn du die Bibel liest, möchtest du vielleicht die Verheißungen, die Gott gibt, kennzeichnen oder unterstreichen. Wenn du das tust, wirst du sie leichter wiederfinden können.

Die prophetischen Bücher des Alten Testaments sind besonders reich an Verheißungen. Gott mußte sein Volk oft strafen, aber er gibt immer wieder Worte der Ermutigung und verspricht überfließenden Segen, wenn sie zu ihm umkehren und seinen Geboten gehorchen.

Viele Jahre lang habe ich die Verheißungen Gottes in mich ›aufgenommen‹. Hier sind einige Worte, die mir inzwischen sehr viel bedeuten – viele sind aus Jesaja (40–55) genommen und voller Verheißungen.

Gottes Ruf und Erwählung

Ihr seid ... mein Knecht, den ich erwählt habe, damit ihr wißt und mir glaubt und erkennt, daß ich's bin (Jes. 43,10).
Fürchte dich nicht, denn ich habe dich erlöst; ich habe dich bei deinem Namen gerufen; du bist mein! (Jes. 43,1).

Seine Liebe, die jedem seiner Kinder so persönlich gilt:

Weil du in meinen Augen so wert geachtet und auch herrlich bist und weil ich dich lieb habe (Jes. 43,4).
Mit ewiger Gnade will ich mich deiner erbarmen (Jes. 54,8).
Meine Gnade soll nicht von dir weichen, und der Bund meines Friedens soll nicht hinfallen (Jes. 54,10).
Neigt eure Ohren her und kommt her zu mir! Höret, so werdet ihr leben! Ich will mit euch einen ewigen Bund schließen, euch die beständigen Gnaden Davids zu geben (Jes. 55,3).

Seine Stärke, wenn ich mit meiner Schwachheit konfrontiert werde, was oft geschieht:

Er gibt dem Müden Kraft und Stärke genug dem Unvermögenden (Jes. 40,29).
Die auf den Herrn harren, kriegen neue Kraft (Jes. 40,31).
Ich stärke dich, ich helfe dir auch, ich halte dich durch die rechte Hand meiner Gerechtigkeit (Jes. 41,10).

Seine Vergebung, die wir ständig brauchen:

Ich, ich tilge deine Übertretungen um meinetwillen und gedenke deiner Sünden nicht (Jes. 43,25).
Ich tilge deine Missetat wie eine Wolke und deine Sünden wie den Nebel (Jes. 44,22).
Ich nehme deine Sünde von dir und lasse dir Feierkleider anziehen (Sach. 3,4).

Seine Gegenwart, besonders dann, wenn ich mit einer Situation konfrontiert werde, die mir unmöglich erscheint:

Fürchte dich nicht, ich bin mit dir, weiche nicht, denn ich bin dein Gott (Jes. 41,10).
Ich bin der Herr, dein Gott, der deine rechte Hand faßt und zu dir spricht: Fürchte dich nicht, ich helfe dir! (Jes. 41,13).
Mein Angesicht soll vorangehen; ich will dich zur Ruhe leiten (Ex. 33,14).
Ich will vor dir hergehen und das Bergland eben machen (Jes. 45,2).

Seine Treue, mit der er seinen Plan für mein Leben verwirklicht und sein Wort einlöst:

Ich ... will mein gnädiges Wort an euch erfüllen, ... denn ich weiß wohl, was ich für Gedanken über euch habe, spricht der Herr: Gedanken des Friedens und nicht des Leides, daß ich euch gebe Zukunft und Hoffnung (Jer. 29,10f.).
Was ich beschlossen habe, geschieht, und alles, was ich mir vorgenommen habe, das tue ich (Jes. 46,10).
Wie ich's gesagt habe, so lasse ich's kommen; was ich geplant habe, das tue ich auch (Jes. 46,11).

Seine ermutigenden Worte, wenn die Dinge am schwärzesten aussehen:

Ich vergesse dich nicht! (Jes. 44,21).
Ich will dich nicht verlassen noch von dir weichen (Jos. 1,5).
Auch bis in euer Alter bin ich derselbe, und ich will euch tragen, bis ihr grau werdet. Ich habe es getan; ich will heben und tragen und erretten (Jes. 46,4).

Diese Verheißung liebe ich ganz besonders, wenn ich vor großen Schwierigkeiten stehe. »Ich will dich tragen«, spricht der Herr. Anstatt dich auf deine Weise durch die Situation zu kämpfen, kannst du lernen, deinen liebevollen Vater ›dich tragen‹ zu lassen.

Seine Führung:

Ich bin der Herr, dein Gott, der dich lehrt, was dir hilft und dich leitet auf dem Wege, den du gehst (Jes. 48,17).

Seine Verheißung für meine Kinder:

Ich will meinen Geist auf deine Kinder gießen und meinen Segen auf deine Nachkommen (Jes. 44,3).

Seine Verheißung für ein Leben im Gehorsam gegen sein Wort:

Es ist das Wort ganz nahe bei dir, in deinem Munde und in deinem Herzen, daß du es tust (Deut. 30,14).

Seine Verheißung, wenn ich das Gefühl habe, ich habe den Herrn völlig enttäuscht:

So habe ich geschworen, daß ich nicht mehr über dich zürnen und dich nicht mehr schelten will (Jes. 54,9).

Der Glaube, daß seine Treue mein Herz erfüllt:

Der Herr ist mein Hirte, mir wird nichts mangeln (Ps. 23,1).

Es gibt noch viele, viele mehr. Es baut meinen Glauben schon auf, sie einfach nur wieder niederzuschreiben, obwohl sie so vertraut sind.
Der Gott, der all diese Dinge spricht, ist mein Gott, mein VATER. Ich bin sein Kind, und er liebt mich. Deshalb wird er mich niemals

täuschen. Er wird niemals ein falsches Wort sprechen oder sein Wort nicht einlösen. Er ist treu.

Ich bin der Herr, der von Gerechtigkeit redet und verkündet, was recht ist (Jes. 45,19).

Immer, wenn ich mein Vertrauen auf ihn setze und seinen Worten glaube, dann sehe ich, wie sich diese Verheißungen in meinem Leben erfüllen. Das ist es, was Gott will: seine Verheißungen im Leben all seiner Kinder zu verwirklichen, DICH eingeschlossen!

Wenn du das Alte Testament liest, wirst du noch viele mehr finden. Sie bauen deinen Glauben auf, weil sie deinen Blick dafür erweitern, wie groß dein Gott ist und wie wundervoll seine Liebe zu dir, seinem geliebten Kind.

Nimm dir Zeit, diese Verheißungen in dich ›aufzunehmen‹, wie ich es im vorigen Kapitel dargestellt habe, damit sie für *dich* ganz persönlich werden.

Dein Glaubenswort:
Alle oben aufgeführten Verse, besonders dieser:
»**Weil du in meinen Augen so wert geachtet und auch herrlich bist und weil ich dich lieb habe.**«

Kapitel 13
Eine neue Verheißung

Du bist ein Kind Gottes, ein Bürger seines Königreichs. Er möchte die Worte und Werke seines Reiches in deinem Leben sehen. Das wird in dem Maße geschehen, wie du lernst, mit dem Glauben zu beten, von dem Jesus spricht, indem du seinen Verheißungen vertraust.

So ist es auch mit Jesu Verheißungen über das Gebet, mit denen wir uns hauptsächlich beschäftigen werden.

Bittendes Gebet

Bitten ist nur ein Teil des Betens, aber ein wichtiger Teil, weil wir jeden Tag unseres Lebens Bedürfnisse haben. Jeden Tag gibt es auch andere Menschen, für die wir beten wollen und Gott bitten, sie zu segnen, zu führen oder zu heilen.

Jesus starb am Kreuz, um es uns zu ermöglichen, Gott als unseren Vater zu kennen. Dieses Vorrecht dürfen wir nicht vergeuden. Weil er seine Kinder liebt, möchte er ihre Bedürfnisse stillen. Er sehnt sich danach, daß sie mit Vertrauen zu ihm kommen und glauben, daß er ihnen geben wird.

Im Bitten wird unser Glaube wirklich geprüft, denn Jesus sagt uns, daß sein Vater uns *alles* geben will, worum wir bitten.

Wenn ihr in mir bleibt und meine Worte in euch bleiben, werdet ihr bitten, was ihr wollt, und es wird euch widerfahren (Joh. 15,7).

Die Verheißung ist klar — bitte, was du willst, und der Herr wird es für dich tun. Es heißt nicht, er wird möglicherweise, oder er könnte, oder er wird vielleicht, oder er kann — sondern: ES WIRD EUCH WIDERFAHREN.

Es scheint jedoch, daß Jesus eine Bedingung stellt: »Wenn ihr in mir bleibt und meine Worte in euch bleiben.«

Am Weinstock

Es ist der Abend vor der Gefangennahme Jesu. Innerhalb von vierundzwanzig Stunden wird er gekreuzigt sein und sein Körper im Grab liegen. Dies ist seine letzte Gelegenheit vor dem Kreuz, sich mit seinen Jüngern hinzusetzen und sie zu lehren. Er hat ihnen bereits geboten, sich über die Ereignisse, die stattfinden sollen, nicht zu bekümmern. Er hat ihnen auch die Verheißung gegeben, daß der Heilige Geist kommen wird, um in ihnen zu leben.

Er gebraucht die Metaphorik des Weinstocks und seiner Reben, um die Beziehung zu beschreiben, die sie weiterhin mit ihm haben sollen. »Ich bin der wahre Weinstock«, sagt er, »und mein Vater der Weingärtner«, und ihr, sagt er zu den Jüngern, »ihr seid die Reben«. Sie sind ein Teil von ihm. Sie leben in ihm und können ohne ihn nicht existieren. »Ohne mich könnt ihr nichts tun.«

Der Zweck einer jeden Rebe an einem Weinstock ist es, Frucht zu bringen. Am ›wahren Weinstock‹ ist es nur möglich fruchtbar zu sein, wenn wir in Jesus bleiben:

Wie die Rebe keine Frucht bringen kann aus sich selbst, wenn sie nicht am Weinstock bleibt, so auch ihr nicht, wenn ihr nicht in mir bleibt (Joh. 15,4).

›Bleiben‹ bedeutet ›ruhen‹, ›sich verlassen auf‹, ›verweilen‹, ›wohnen‹, ›beständig leben‹. Wenn Jesus sagt: »Bleibt in mir, und ich in euch«, dann meint er:

Ruht in mir, und ich in euch.
Lebt beständig in mir, und ich in euch.

Wenn du das tust, wirst du Frucht bringen. »Wer in mir bleibt und ich in ihm, der bringt viel Frucht« (Joh. 15,5).

Du bist in Jesus

Du bist bereits ›in Jesus‹. Du bist schon eine Rebe am wahren Weinstock – wenn du erklärt hast, daß dein Leben Gott gehört, wenn du dich ihm ›übergeben‹ hast (siehe Kapitel 8). Als du zum Kreuz kamst, hast du bestätigt, daß du ›in Christus‹ bist. Gott hat dich in ihn eingepflanzt. Du warst ›in Jesus‹, als er gekreuzigt wurde, damit du mit ihm sterben und mit ihm auferweckt werden solltest zu einem neuen und besseren Leben. Du konntest dich nicht durch deine eigene

Anstrengung in den ›Weinstock‹ hineinbegeben. Du konntest dir deinen Weg dorthin nicht erarbeiten. Gott selbst hat dich dort eingesetzt, damit du dein ganzes Leben ›in Christus Jesus‹ leben kannst.

Wenn Jesus also sagt »wenn ihr in mir bleibt«, dann meint er damit nicht, »wenn es dir gelingt, dir diese privilegierte Position zu erarbeiten, im Sohn Gottes zu leben«. Er sagt vielmehr: »Wenn du weiterhin an dem Platz lebst, wo mein Vater *dich bereits eingepflanzt hat,* in Jesus, im wahren Weinstock, in seinem Sohn.«

Seine Worte in dir

Nicht nur, daß du ›in Jesus‹ lebst – er lebt *in dir*. »Bleibt in mir, UND ICH IN EUCH.« Durch die Kraft seines Heiligen Geistes lebt er in dir. Der Geist wird seine Worte deinem Herzen offenbaren, so daß du sie glauben und in deinem Leben verwirklichen kannst.

Wie eine Rebe bist du die ganze Zeit in Jesus. Du bist ein Teil von ihm, ein Teil seines Leibes hier auf Erden. Du bist ›in ihm‹, wie eine Seite in einem Buch. Ohne dich ist das Buch unvollständig – und doch ist eine Seite ohne den Rest des Buches praktisch bedeutungslos.

Bleibe in dem Buch und glaube die Worte, die der Geist auf deine Seite druckt – dann gilt die Verheißung Jesu, daß du bitten kannst, »was du willst, und es wird dir widerfahren«.

Schau nicht zurück auf das Versagen in der Vergangenheit. Schau vorwärts mit den Augen des Glaubens und sieh, was aus deinem Leben werden kann, wenn du fortfährst, in Jesus zu leben und seine Wort in dir leben zu lassen: ein Leben voller Frucht, das deinem Vater Freude machen wird.

Höre seine Worte,
glaube sie, und
handle nach ihnen!

Viel Frucht

Dein himmlischer Vater möchte in deinem Leben ›viel Frucht‹ sehen. Jesus sagt, daß der Vater die Jünger ›zurechtstutzt‹, ›reinigt‹, »daß sie mehr Frucht bringen«. Er wird aus deinem Leben die Sünde, den Ungehorsam und den Unglauben herausschneiden, die die Erfüllung seiner Verheißungen in dir behindern. Und du wirst glücklicher sein ohne diese negativen und zerstörerischen Elemente, die deinen Glauben langsam verzehren.

Mit Vertrauen beten und glauben, daß Gott für dich tun wird, was immer du bittest – das ist die Art von Fruchtbarkeit, die Gott in dir schaffen möchte. Und denke daran, eine Rebe kann nicht aus sich selbst Frucht hervorbringen – Frucht kommt dabei heraus, wenn der lebensspendende Saft durch die Rebe fließt. Gott hat seinen belebenden Geist in dich gegeben, um dich fruchtbar zu machen.

Dein Glaubenswort:
»**Wenn ihr in mir bleibt und meine Worte in euch bleibt, werdet ihr bitten, was ihr wollt, und es wird euch widerfahren.**«

Kapitel 14
Erwählt und berufen

Hast du dich je gefragt, warum Gott gerade dich aus dem weiten Meer der Menschheit ausgewählt hat, um dich als sein Kind zu lieben und in ganz persönlicher Weise für dich zu sorgen? Es ist ein wertvolles Geheimnis, nicht wahr? Ich selber höre nie auf, darüber zu staunen. Was für ein ungeheures Vorrecht, daß ich von Gott dazu erwählt bin, ihm zu gehören!

Nicht ihr habt mich erwählt, sondern ich habe euch erwählt und bestimmt, daß ihr hingeht und Frucht bringt und eure Frucht bleibt, damit, <u>wenn ihr den Vater bittet in meinem Namen, er's euch gebe</u> (Joh. 15,16).

In dem, was Jesus hier sagt, gibt es vier wichtige Punkte, auf die wir achten sollten:

ERSTENS, ein Jünger kann nicht beschließen, Teil am Weinstock zu sein – Jesus wählt die aus, die in ihm leben werden. Er hat dich erwählt.

ZWEITENS, Jünger sind zu einer Aufgabe berufen. Sie leben in Jesus nicht um einer ziellosen Existenz willen, noch um ihre eigenen Ziele zu erreichen. Gott hat dich nicht nur erwählt, sondern er bestimmt und ›beruft‹ dich auch dazu, ein gewisses Ziel zu verwirklichen.

DRITTENS, die Aufgabe, zu der Jünger berufen sind, ist Frucht zu bringen. Gott hat dich dazu erwählt und berufen, »daß ihr hingeht und Frucht bringt und eure Frucht bleibt«.

VIERTENS, Jesus verknüpft dieses Fruchtbringen sofort mit erhörtem Gebet: »damit, wenn ihr den Vater bittet in meinem Namen, er's euch gebe.« Das ist der Höhepunkt des ganzen Werdegangs. Ein Jünger ist erwählt und berufen zu einem fruchtbaren Leben, in dem Gott ihm geben wird, was er auch immer erbittet. Das ist das Leben, für das Gott *dich* erwählt und berufen hat.

Ein Leben voller Frucht

Stelle dir vor, wie fruchtbar dein Leben wäre, wenn Gott jedesmal das tun würde, was du ihn zu tun gebeten hast! Und wenn er dir jedesmal das gäbe, worum du ihn gebeten hast!

Denke daran, wie viele Menschen durch DEINE Gebete geheilt würden.

Denke dir, wie viele Probleme durch DEINE Gebete gelöst werden könnten.

Versuche dir die Wunder vorzustellen, die Gott durch deine Gebete in deinem Leben und im Leben anderer vollbringen würde. Überlege dir, wie viel du anderen geben könntest, wenn du all das von Gott erhalten würdest, worum du in *deinen* Gebeten bittest. Das ist genau das, was Jesus im Sinn hat! Nämlich, daß du solch ein fruchtbares Leben haben sollst, in dem deine Gebete erhört werden.

Daß Gott es tut, wenn *du* bittest!

Daß Gott es gibt, wenn *du* bittest!

Und das alles nicht, damit du bequem und selbstsüchtig wirst, sondern damit dein himmlischer Vater verherrlicht wird.

Darin wird mein Vater verherrlicht, daß ihr viel Frucht bringt und werdet meine Jünger (Joh. 15,8).

Das ist das höchste Ziel eines Christenlebens: den Vater verherrlichen. Jesus verherrlichte ihn, indem er seine Worte sprach und seine Werke vollbrachte. Alle, die in Jesus leben, werden ihn dadurch verherrlichen, daß sie diese Worte glauben und erfahren, wie er dieselben Taten in ihrem Leben vollbringt.

Dein Vater will nicht nur ein gelegentliches Gebet beantworten, so daß du überrascht bist, wenn in Erwiderung auf dein Bitten irgend etwas geschieht. Vielmehr sollst du WISSEN, wenn du ihn bittest, dann WIRD er es tun, dann WIRD er es geben.

Die Welt um uns herum wird uns als Jünger Jesu erkennen, wenn sie sehen, daß unsere Gebete erhört werden. Die Leute wollen nicht hören, was wir von einem Gott der Liebe behaupten – sie wollen einen Beweis dieser Liebe sehen, in der Art, wie er unsere Bedürfnisse stillt. Und Gott möchte, daß wir vor der Welt seine Treue bekunden, daß er der Bundesgott ist, der seine Versprechen hält, weil wir – seine Kinder – daran glauben.

Gott will antworten

Gott ist Liebe, er *will* seinen Kinder geben. Er *will* ihren Nöten begegnen. Er *will* sie an Leib und Seele heilen. Er *will* ihre Gebete erhören.
   Wenn du Kinder hast und sie liebst, dann brauchst du keine Aufforderung dazu, ihnen zu helfen, wenn sie krank sind oder irgendeinen Mangel haben. Es ist dein Wunsch, dich selbst in jeder möglichen Weise hinzugeben, um deinem Kind zu helfen. Kleinen Kindern kann man manchmal leichter helfen als größeren, die ihre Selbständigkeit behaupten wollen, unabhängig sein wollen und so vielleicht deinen Wunsch, zu helfen, ablehnen. Manchmal mußt du warten, bis sie bereit sind, zu dir zu kommen und zu bitten.
   Wenn dein Kind dann wirklich kommt, wirst du es dann zurückweisen? Menschliche Eltern tun das vielleicht gelegentlich, aber der himmlische Vater wird es nie tun, weil seine Liebe vollkommen ist. Er hat sein Wort gegeben, das er niemals brechen kann – er wird seine neutestamentlichen Kinder beschenken. Er hat dieses Versprechen mit dem Blut seines Sohnes Jesus besiegelt. Und dieses Blut wird er niemals verleugnen.
   Du bist dazu erwählt und berufen, Frucht zu bringen. Dein Vater *will*, daß du Frucht bringst, und er wird dir jede Ermutigung geben, damit du beten und daran glauben kannst, daß er dich erhören wird. Er sandte seinen Sohn, um dich zu lehren, wie du mit Glauben beten kannst.

Dein Glaubenswort:
»Nicht ihr habt mich erwählt, sondern ich habe euch erwählt und bestimmt, daß ihr hingeht und Frucht bringt und eure Frucht bleibt, damit, wenn ihr den Vater bittet in meinem Namen, er's euch gebe.«

Kapitel 15
Habt Glauben

HABT GLAUBEN AN GOTT! *Wahrlich, ich sage euch: Wer zu diesem Berge spräche: Hebe dich und wirf dich ins Meer! und zweifelte nicht in seinem Herzen, sondern glaubte, daß es geschehen würde, was er sagt, so wird's ihm geschehen (Markus 11,22f.).*

Habe Glauben an Gott

Du hast bereits Glauben. Die Frage ist nur: An wen glaubst du? Ein Christ setzt sein Vertrauen nicht unbedingt auf den Herrn.

Du kannst dein Vertrauen auf dich selbst setzen
Es mag Gelegenheiten geben, bei denen du den Herrn nicht zu Rate ziehst über Dinge, die du zu tun hast, oder Probleme, denen du ins Auge sehen mußt. Du kommst dir vielleicht sogar noch gut dabei vor, wie du dich so ganz allein, ohne jede Hilfe anderer durch eine Situation kämpfst – ein trauriges Beispiel für Stolz. Vielleicht erwartest du eigentlich gar keine Hilfe von Gott, auch wenn du ihn darum gebeten hast.

Viele bitten Gott um Hilfe, vor allem in schwierigen Lebenslagen, wenn sie einsehen, daß ihre eigenen menschlichen Mittel nicht ausreichen. Aber der Kern des Gebets ist oft: »Hilf, daß *ich* es tun kann.«

Jesus betont die Tatsache, daß Gott *für* seine Kinder arbeiten will; »so wird's ihm geschehen« – es wird *für ihn* getan werden. Jesus möchte, daß du Gott bittest, etwas FÜR dich zu tun, *für dich* in deinen Nöten zu wirken. Du sollst wissen, daß er so völlig treu und zuverlässig ist, daß er dich nicht im Stich lassen wird, wenn du dein Vertrauen auf ihn setzt.

Du kannst dein Vertrauen auf andere Menschen setzen
Es ist eine Versuchung, auf Menschen zu vertrauen, anstatt auf den Herrn selbst. Du kannst auf einen besonderen Prediger oder Diener des Herrn schauen und glauben, daß er dir die Antwort auf deine

Nöte geben wird. Das ist eine besondere Versuchung, wenn man Heilung braucht: »Wenn ich zu dem und dem gehe, wird er mich heilen.« Und wenn es nicht funktioniert, dann versuche ich es mit jemandem anderen!

Wenn ein Mensch eine ausweglose Not hat, ist es verständlich, daß er in jeder Richtung und bei jedem Menschen Hilfe sucht. Es ist verständlich, aber nicht unbedingt die Lösung des Problems. Jesus sagt: »Habt Glauben an *Gott*«: habe das Wissen in deinem Herzen, daß er die Kontrolle über die Situation nicht verloren hat, daß er der Not mehr als gewachsen ist, und daß für *ihn* nichts unmöglich ist!

Du kannst dein Vertrauen auf Gott setzen
Die eine Person, an die du glauben mußt, ist dein himmlischer Vater. Er mag vielleicht ein menschliches Instrument benützen, um dir Hilfe zu leisten, einer Not Herr zu werden oder Träger seiner heilenden Kraft zu sein. Aber dieses menschliche Instrument ist seine Erwiderung auf deinen Glauben an ihn. Es gefiel ihm, deinen Glauben durch diesen speziellen Kanal zu beantworten. »Habt Glauben an Gott«, sagt Jesus, nicht an das menschliche Instrument.

Glauben an Gott bedeutet, Glauben an seinen Sohn Jesus zu haben, der Gottes Wort ist. Jesus Glauben schenken bedeutet wiederum, dem Vater zu glauben, der ihn gesandt hat. Ebenso glauben wir in Jesu Worten gleichzeitig dem Vater, denn es sind seine Worte, die Jesus spricht.

In vielen Situationen ist Gott die einzige Antwort – es braucht ein Wunder, wenn das Problem gelöst werden soll. Vielleicht denkst du, der Begriff ›Wunder‹ übersteige deinen Horizont – in diesem Fall brauchst du »eine mächtige Gebetserhörung«! Dein Gott ist der Allmächtige und verheißt, daß er alles tun wird, worum du bittest.

Glaube und Erfahrung

»Aber es funktioniert nicht! Es gab Situationen, in denen ich um etwas betete, und Gott hat es nicht getan. Und ich habe doch Glauben an Gott.«

Es hat keinen Zweck, unseren Kopf in einer Wolke geistlicher Unwirklichkeit zu haben. Wenn die Worte wahr sind, die Jesus spricht, dann können sie durch Erfahrung geprüft werden und sich als wahr erweisen! Die Schwierigkeit ist, daß sich die Worte Jesu und unsere Erfahrung oft zu widersprechen scheinen. Wenn das geschieht, was ist dann wahr?

Das Problem ist nicht so klar umrissen, wie es aussieht. Die Konfrontation besteht in Wirklichkeit nicht zwischen dem, was Jesus sagt, und unserer Erfahrung, sondern zwischen dem ›Glauben‹ und unserer Erfahrung. Gottes Verheißungen werden uns *niemals* enttäuschen, wenn wir an sie glauben. Seinen Worten glauben bedeutet: erwarten, daß jene Verheißungen erfüllt werden.

Bei vielen Gelegenheiten sind wir der ehrlichen Meinung, daß wir das tun, was Jesus mit diesem Begriff ›Glauben‹ meint – nämlich Gottes Handeln erwarten. Aber es kann einen großen Unterschied zwischen unseren Vorstellungen von ›Glauben‹ und seiner Lehre darüber geben. Wir brauchen nicht mehr Glauben, sondern die richtige Art von Glauben.

Das Versagen der Jünger

Als Jesus mit Petrus, Jakobus und Johannes vom Berg der Verklärung herunterkam, wurde er mit dem Versagen der anderen Jünger konfrontiert, einen epileptischen Jungen zu heilen. Nachdem Jesus ihn geheilt hatte, fragten die Jünger: »Warum konnten wir ihn nicht austreiben?« Er sagte zu ihnen:

Um eures Kleinglaubens willen. Denn ich sage euch wahrlich: Wenn ihr Glauben habt wie ein Senfkorn, so könnt ihr sagen zu diesem Berge: Hebe dich von hinnen dorthin!, so wird er sich heben; und euch wird nichts unmöglich sein (Mt. 17,20).

Ihr Versagen war auf ihren kleinen Glauben zurückzuführen. Und doch sagt Jesus im gleichen Atemzug, daß sie nur so viel Glauben brauchten wie ein winziges Samenkorn. Dann wären sie nicht nur dazu fähig gewesen, diesen Berg zu bewegen, sondern für sie »wird nichts unmöglich sein«. Offensichtlich unterschied sich die Art Glauben, auf die Jesus sich bezog, von dem, den die Jünger an den Tag legten, als sie mit dem Jungen beteten. Markus überliefert die Antwort Jesu auf die Frage der Jünger folgendermaßen: »Diese Art kann durch nichts ausfahren als durch Beten« (Mk. 9,29).

Sagt Jesus hier etwas anderes? Nein, als sie versuchten, den Jungen zu heilen, hatten die Jünger gebetet, aber ihr Gebet war fruchtlos gewesen, weil ihr Glaube fruchtlos war. Sie hatten nicht diesen ›senfkornartigen‹ Glauben, von dem Jesus sprach. Wenn er es gewesen wäre, hätte sich der ›Berg‹ bewegt, als sie beteten.

»Um eures Kleinglaubens willen« und »diese Art kann durch nichts ausfahren als durch Beten« laufen auf das gleiche hinaus.

Wir mögen viele Gebete zu Gott sprechen und ihn um viele Dinge bitten. Aber beten wir mit Jesu Art von Glauben? Das ist die brennende Frage. Die Antwort darauf kann dir deine Erfahrung geben. Wo sich seine Art von Glauben in deinem Beten ausdrückt, da »wird dir nichts unmöglich sein«. Vielleicht möchtest du mit dem Vater dieses epileptischen Jungen aufschreien: »Ich glaube; hilf meinem Unglauben!«

Jesus möchte dieses Gebet erhören und dich lehren, mit seiner Art Glauben zu beten. »Habt Glauben an Gott« kann wörtlich übersetzt werden: »Habt den Glauben Gottes«. Der Herr möchte nicht nur, daß unser Vertrauen auf ihm ruht, sondern er möchte seinen eigenen Glauben in uns sehen.

Dein Glaubenswort:
»Habt Glauben an Gott.«

Kapitel 16
Berge versetzen

Jesus sagt:

Wer zu diesem Berg spräche: Hebe dich und wirf dich ins Meer! und zweifelte nicht in seinem Herzen, sondern glaubte, daß es geschehen würde, was er sagt, so wird's ihm geschehen (Mk. 11,23).

›Wer‹ bedeutet ›jeder‹. Das schließt DICH ein. Jesus möchte diesesn Glauben in DEINEM Leben, so daß du den Berg vor dir anschauen und ihm befehlen kannst zu weichen – und er wird es tun! Der Berg ist jene Not, jenes Problem, das gelöst werden muß.

Zweifellos würden wir alle gerne solchen Glauben beweisen und solche Autorität ausüben wollen. Greifen wir nach den Sternen? Jesu Worten gemäß: Nein.

Offensichtlich ist es nicht eine Frage der Worte, die wir gebrauchen. Es gibt keine Gebetsformel, die wir lernen und damit alle unsere Nöte beseitigen könnten. Jesus warnt vor der bedeutungslosen Wiederholung von Wörtern.

Gott ist nicht von den Worten beeindruckt, die über unsere Lippen kommen. Ihm geht es um den Glauben, mit dem wir sprechen – um das, was in unserem Herzen vor sich geht. Und so gebrauchte Jesus den Satz »und zweifelte nicht in seinem Herzen«, als er uns sagte, wie die Berge in unserem Leben versetzt werden sollen. Nicht das ist von Belang, was du zu dem Berg sagst, sondern was du in deinem Herzen glaubst, wenn du es sagst.

Sprich zu dem Problem

Viele Menschen beten über ihren Problemen, aber nicht jeder spricht zu ihnen! Und doch ist es das, was Jesus uns tun heißt. Sprich zu dem Berg und befiehl ihm zu weichen.

Wenn ich die frühen Symptome eines Grippe-Anfalls oder einer Erkältung spüre, dann spreche ich zu dem Problem: »Ihr Erkältungsbakterien, im Namen Jesu Christi weise ich euch aufs äußerste zurück! Mein Körper ist ein Tempel des Heiligen Geistes und ihr gehört nicht hierher.«

Dann spreche ich zu Gott, auf den ich mein Vertrauen setze, denn er ist die Lösung des Problems, und ich preise ihn für seinen Sieg über die Infektion. Manchmal verschwinden die Symptome sehr schnell. Häufiger gibt es einige Stunden Kampf, aber sie breiten sich nicht aus, wenn ich weiterhin auf den Sieg des Herrn vertraue.

Es mag als lediglich kleine Angelegenheit erscheinen, Erkältungen und Grippe-Anfällen zu widerstehen, aber das Prinzip ist für größere Dinge in unserem Leben das gleiche. Du wirst weder das Vertrauen noch den Glauben und die Autorität haben, zu Bergen zu sprechen, wenn du nicht gelernt hast, mit Vorgebirgs-Hügeln umzugehen! Während du den Sieg in kleinen Dingen siehst, nimmt dein Glaube zu, um Gott wegen größerer Dinge zu vertrauen. Warum sollte unser Leben auch nur von Erkältungen und Grippe zerrissen werden? Wir können es nicht verhindern, daß es diese Infektionen um uns herum gibt, aber wir können gegen sie »den guten Kampf des Glaubens kämpfen«.

Jesus sagt uns, während wir zu dem Berg sprechen, dürfen wir in unserem Herzen nicht zweifeln, daß er weichen wird. Noch einmal: es ist nicht eine Frage dessen, was du sagst, sondern dessen, was du glaubst.

Mit Zweifeln umgehen

Du kannst es nicht verhindern, daß du von Zweifeln bestürmt wirst. Manchmal scheinen sie von allen Seiten auf dich loszugehen. Genaugenommen gibt es drei Hauptquellen des Zweifels, und du mußt wissen, wie du mit jeder von ihnen umzugehen hast.

1. *Zweifel kommen von Menschen aus unserer Umgebung:*
   Du lebst in einer zweifelnden, nicht glaubenden Welt, und viele Leute um dich herum sind voll von negativen Reden und Ideen, ständig nörgelnd und klagend. Sie haben keinen unumstößlichen Glauben, daß Gott in ihren Lebensumständen handeln wird; alles, was sie tun, ist, darüber zu jammern. Ihre Ideen, Einstellungen und Worte können ansteckend sein, und wenn du auf jene negativen Anschauungen hörst, anstatt auf die feststehenden Verheißun-

gen des Wortes Gottes, wird dein Glaube sehr leicht untergraben. Du willst sicher nicht, daß dein Glaube von den negativen Einstellungen anderer zerrissen wird.

2. *Zweifel kommen aus deinem eigenen Unglauben:*
Je mehr du den Berg anschaust, desto höher scheint er, und desto unmöglicher scheint es, ihn zu versetzen. Du kannst versuchen, einen Weg um ihn herum zu finden, aber du kannst ihn nicht bewegen. Und du bist auch nicht sicher, ob Gott es kann.
Viele Christen sind negativ denkende Leute. Um glaubend denken zu können, brauchen wir eine Erneuerung unseres Verstandes und unserer Lebenseinstellung im ganzen. Das geschieht nicht über Nacht. Es braucht Zeit, und Gott erlaubt den Problemen in unserem Leben, uns mit dem Unglauben und den zweifelnden und negativen Haltungen zu konfrontieren, die wir immer noch in uns haben. Es ist wichtig, daß du deine Zweifel, wenn sie dir bewußt werden, ehrlich zum Herrn bringst und ihn bittest, dir zu vergeben und durch die Kraft seines Heiligen Geistes seinen Glauben in dir zu erwecken.

3. *Zweifel kommen vom Satan:*
Wann immer es möglich ist, wird er versuchen, Samen des Zweifels zu säen, denn er zerstört schrecklich gern den Glauben an Gott, wenn er kann. In der Schrift wird er als »der Betrüger« und als »der Vater aller Lügen« bezeichnet.
Die Sorte Gedanken, die er uns unterjubelt, sind die: »Du glaubst doch nicht wirklich, oder?« »Du hast doch nicht genug Glauben, oder?« »Du bist nicht würdig genug, daß Gott so etwas Großes in deinem Leben tut, stimmt's?« Der Satan ist »der Ankläger der Brüder«. Anklagende Gedanken kommen nie vom Heiligen Geist, sondern von dem einen, der den Glauben zerstören will.
Paulus sagt, daß wir »den Schild des Glaubens« ergreifen sollen, »mit welchem ihr auslöschen könnt alle feurigen Pfeile des Bösen« (Eph. 6,16), alle jene verlogenen, irreführenden Anklagen. Jakobus sagt: »Widerstehet dem Teufel, so flieht er von euch« (Jak. 4,7).
Halte dich an den Verheißungen fest, die dein Vater dir als seinem Kind des Neuen Bundes gibt, und weigere dich, irgendeine von den Lügen des Feindes anzunehmen.
So kommen also die Angriffe auf unseren Glauben aus drei Richtungen:
Von den negativen Einstellungen in unserer Umgebung,

von unserem eigenen Zweifeln und
von dem, der darauf aus ist, Glauben zu zerstören.
Mit anderen Worten: von der Welt, vom Fleisch und vom Teufel.

Der Mann, sagt Jesus, der mit Glauben zu dem Berg spricht, glaubt nicht den Zweifeln, sondern »daß es geschehen würde, was er sagt«. Er spricht nicht und *hofft*, daß das Problem verschwinden wird, sondern er *weiß* es! Er erkennt, daß Gott den Berg nicht hier haben will, genausowenig wie er selbst.

Gott will, daß die Berge versetzt werden

Hier stoßen wir nun auf ein Hauptproblem. Viele Christen werden zu dem Glauben erzogen, daß Gott in ihrem Leben Berge, unüberwindliche Probleme und Schwierigkeiten haben will. Jesus würde uns wohl kaum lehren, Glauben zu üben, um sie zu beseitigen, wenn Gott die ganze Zeit wollte, daß wir sie am Halse haben!

Es ist leicht, einer Situation nachzugeben, wenn du in deinem Herzen weißt, daß du nicht den Glauben hast, um den Berg weichen zu sehen. Du stehst in der Versuchung, nach einer Ausrede für das Bleiben des Berges zu suchen.

Vielleicht fängst du an, solche Redensarten zu gebrauchen, wie »Gott lehrt mich etwas dadurch«.

»Es ist das Kreuz, das ich zu tragen habe!«

»Es gibt andere, die schlechter dran sind als ich.«

Es ist wahr, daß Gott uns durch alle Umstände unseres Lebens etwas lehren will, und daß die Berge nicht da wären, wenn er es nicht erlaubte. Aber seine Absicht ist es, Leben zu geben, und nicht, es zu zerstören oder es für seine Leute fast unerträglich zu machen. Er will das Vertrauen in seinen Kindern sehen, das glaubt, daß die Berge weichen, und nicht, daß sie dableiben.

Wenn du glaubst, daß deine Probleme dein Kreuz sind, dann trägst du das falsche. Jesus starb an seinem Kreuz, um dich von allem, was negativ ist, zu erlösen – Sünde, Krankheit, Angst und Tod. Das Kreuz, das Jesus uns tragen heißt, ist dasjenige, das wir selbst bereitwillig aufnehmen – keine Probleme, die wir nicht wollen. Es ist das Kreuz der Selbstverleugnung, damit wir zur Ehre des Vaters und zum Wohl seines Königreichs leben mögen. »Will mir jemand nachfolgen, der verleugne sich selbst und nehme sein Kreuz auf sich und folge mir« (Mt. 16,24).

Es mag viele andere geben, die schlechter dran sind als du. Das ändert nichts an der Tatsache, daß Gott jeder Not in deinem Leben abhelfen will. Paulus scheute sich nicht, den Philippern zu sagen:
Mein Gott aber wird ausfüllen all euren Mangel nach seinem Reichtum in der Herrlichkeit in Christus Jesus (Phil. 4,19).
Er ist auch dein Gott, und diese Worte sind auch an dich gerichtet. Die Tatsache, daß Gott jeder Not in deinem Leben abhilft, wird sein Geben anderen Menschen gegenüber nicht schmälern. Gott ist bereit, jede Not zu lindern, nicht aus begrenzten menschlichen Hilfsmitteln, sondern »nach seinem Reichtum in der Herrlichkeit in Christus Jesus«. Und diese Reichtümer sind unerschöpflich! Du wirst niemals ans Ende dessen kommen, was Gott dir durch seinen Sohn geben möchte.

Keine Ausreden

Die vielleicht vertrautesten Ausreden sind: »Ich bin nicht würdig«, und »Dein Wille, nicht meiner, geschehe, o Herr«.

Aus sich selbst ist niemand von uns würdig, auch nur irgend etwas von Gott zu erhalten. Aber durch das Kreuz Jesu sind wir würdig gemacht worden. Also kannst du nun sagen: »Aus mir selbst bin ich unwürdig, aber Gott hat mich durch das Blut seines Sohnes Jesus würdig gemacht, seine Reichtümer zu empfangen. Gott liebt mich, er hat mich angenommen, und er möchte mir geben. Er will ›jeder Not‹ in meinem Leben begegnen ›gemäß seinem Reichtum in der Herrlichkeit in Christus Jesus‹. Ich bin eines seiner neutestamentlichen Kinder.«

Das Gebet Jesu: »jedoch nicht mein Wille, sondern deiner geschehe«, wird von Christen in ihren Gebeten so oft falsch gebraucht. Es ist das Gebet der Unterwerfung, das Jesus im Garten Gethsemane sprach, unmittelbar vor seiner Festnahme, die der Kreuzigung vorausging.

Als er es sprach, kannte er bereits den Willen seines Vaters.

Er wußte, daß er nach Jerusalem gekommen war und dort »viel leiden« würde »von den Ältesten und Hohenpriestern und Schriftgelehrten und getötet werden und am dritten Tage wieder auferstehen« würde (Mt. 16,21). Er hatte die Jünger wiederholt vor diesen Dingen gewarnt. Er wollte, daß die Absicht seines Vaters, wenn irgend möglich, auf irgendeine andere Weise ausgeführt würde. Aber er war nicht bereit, seinen eigenen Willen mit dem Plan seines Vaters in Konflikt kommen zu lassen. So fügte er sich dem, wovon er wußte, daß sein

Vater es von ihm verlangte. Er verleugnete sich selbst um des Reiches Gottes willen.

Sein Gebet ist nur dann für dich angemessen, wenn du dich einer Sache fügen mußt, die Gott von dir verlangt und die du selbst nicht willst. Diese Worte sind nicht dazu geeignet, sie an das Ende eines jeden Gebetes zu heften, in dem du Gott bittest, etwas zu tun. Wenn du sie auf solche Weise gebrauchst, verraten sie oft, daß du nicht wirklich glaubst, Gott werde tun, worum du bittest. Wenn dann das Gebet nicht so erhört wird, wie du es möchtest, kannst du sagen: »Es war offensichtlich nicht der Wille des Herrn.« Dann brauchst du nicht so unbequemen Fragen ins Gesicht zu sehen, wie z. B.:

»Habe ich wirklich geglaubt, als ich betete?«

»Habe ich erwartet, daß Gott es tut?«

»War ich anhaltend in meinem Gebet?«

Es gibt viele Lagen, in denen wir beten, aber nicht das gewünschte Ergebnis sehen − nicht deshalb, weil Gott nicht erhören wollte, sondern weil wir nicht mit Glauben und Beharrlichkeit beteten, wie Jesus es uns sagt!

Es gibt so viel in der Schrift, was uns zeigt, daß Gott uns wirklich heilen und unseren Nöten abhelfen will. Er will, daß die Berge versetzt werden. Wir brauchen in solchen Situationen nicht zu beten »wenn es dein Wille ist«. Statt dessen brauchen wir den Glauben, der den Willen Gottes wirksam machen kann.

Gott liebt dich als eines seiner neutestamentlichen Kinder, und er möchte, daß jener Berg weicht. Genaugenommen wird er dadurch gepriesen, wenn der Berg versetzt wird, und du wirst gesegnet. Jesus möchte also, daß du zu deinen Bergen sprichst und glaubst, daß das geschehen wird, was du sagst. Und wie lautet seine Verheißung für den Fall, daß du das tust? »So wird's dir geschehen« − es wird *für dich* getan werden.

Er sagt nicht, daß du den Berg versetzen mußt. Du mußt zu ihm sprechen und glauben, daß er weichen wird − dann wird es für dich getan werden. Gott ist der eine, der den Berg versetzen wird − nicht du.

Du sprichst,
du glaubst,
Gott versetzt den Berg für dich.

Dein Glaubenswort:
»Nichts wird für dich unmöglich sein.«

Kapitel 17
Das Gebet des Glaubens

Wie sollen wir bitten? Jesus sagt:

Darum sage ich euch: Alles, was ihr bittet in eurem Gebet, glaubt nur, daß ihr's empfangt, so wird's euch zuteil werden (Mk. 11,24).

Du sprichst nicht nur zu dem Berg und glaubst, daß er weichen wird. Du sprichst auch zu Gott und glaubst, daß du bekommen hast, worum du bittest. Und Jesus sagt: »so wird's euch zuteil werden.« Du sprichst zu dem Gott der Verheißung, der immer sein Wort hält.

Alles, worum du Gott im Gebet bittest, ›wird dir zuteil werden‹. Wenn du bittest, sollst du glauben, daß du die Antwort auf dein Gebet schon bekommen hast. Du kannst nur auf diese Weise glauben, wenn du weißt, daß Gott dir diese bestimmte Sache geben will, um die du bittest, und wenn der Geist deinem Herzen diese Wahrheit bezeugt.

Deshalb war es so wichtig, ein ›festes Fundament‹ zu legen, bevor wir diese Gebets-Verheißungen betrachten. Es wird dir schwerfallen zu glauben, daß du bereits empfangen hast, wenn du nicht Gottes vollkommene Treue kennst, mit der er alle Worte des Bundes hält, den er mit seinen Kindern geschlossen hat.

Aus freien Stücken hat Gott sich durch sein Wort gebunden. Er hat den Bund mit dem Blut seines Sohnes Jesus besiegelt. Er *muß* tun, was er versprochen hat. Das ist kein Problem für ihn, weil er seine Versprechungen halten will – sonst hätte er sie nicht gegeben.

Sie treffen für alle neutestamentlichen Kinder Gottes zu. Er hat dich zu seinem Kind gemacht, weil er dich liebt. Er will dich segnen und seine Reichtümer in dein Leben strömen lassen. Er hat dich durch das Blut seines Sohnes Jesus angenommen. Das Kreuz räumt alles aus, was dich daran hindern könnte, das zu empfangen, was er dir zu geben hat. Das Kreuz verschafft auch den Sieg über jede Manifestation des Bösen. Er will deine Gebete erhören.

Gott hat dir die Kraft des Heiligen Geistes gegeben, um dich mit dem Glauben zu erfüllen, von dem Jesus spricht, und um dir sein Wort zu offenbaren, damit du danach handeln kannst.

Gott wird erhören

Wir haben bereits zwanzig gute Gründe entdeckt, warum Gott deine Gebete erhören will.
1. Gott ist treu.
2. Er schließt einen ewigen Bund mit seinen Kindern.
3. Er hält alle Verheißungen dieses Bundes.
4. Er besiegelt den Bund mit dem Blut Jesu; er kann seine Worte nicht brechen.
5. Er liebt dich.
6. Er hat *dich* als sein Kind des Neuen Bundes angenommen.
7. Er ist dein Vater. *Du* gehörst zu ihm.
8. Er gibt *dir*, seinem Kind, Verheißungen zum Erbe.
9. Er will *dich* segnen.
10. Er will *dich* beschenken.
11. Er will *jeder Not* in deinem Leben abhelfen.
12. Er will die Berge versetzen.
13. Er will *dich* an Leib, Seele und Geist heilen.
14. Er hat *dir* seinen Heiligen Geist gegeben, damit er in dir lebt.
15. Er will durch seinen Geist *dich* mit Glauben erfüllen.
16. Er will, daß *du* bittest und betest.
17. Er will deine Gebete erhören.
18. Er will sich dadurch verherrlichen, daß er *dir* gibt.
19. Er will, daß deine Freude vollkommen ist, indem du empfängst.
20. Er will andere sehen lassen, daß du sein Jünger bist, weil deine Gebete viele Früchte tragen.

Das sind zwanzig gute Gründe zum Beten. Zwanzig gute Gründe zum Bitten. Zwanzig gute Gründe zu glauben, daß Gott dich erhören wird, wenn du bittest: »Was ihr mich bitten werdet in meinem Namen, das will ich tun.«

Wenn diese Wahrheiten beginnen dein Herz zu erfassen, wirst du merken, daß du es wagen kannst, die Erhörung deiner Gebete zu ERWARTEN. Nicht nur einiger, sondern *aller* deiner Gebete.

Wir sagen oft, daß Gott ›allmächtig‹ ist, und das ist er auch! Das bedeutet, er ist allgewaltig. Nichts ist zu groß oder zu schwierig für ihn. Jesus lehrt uns, daß für den alles möglich ist, der Glauben hat – jenen ›Berge versetzenden‹ Glauben, von dem er spricht.

Bei Paulus lesen wir: »Wie überschwenglich groß seine Kraft« ist »an uns, die wir glauben, weil die Macht seiner Stärke an uns wirksam wurde« (Eph. 1,19): eine Kraft, die so groß ist, daß man sie nicht messen kann – in uns, die wir *glauben*.

Er ist ALLMÄCHTIG. Das ist Grund Nr. 21, der für das Bitten spricht! Nichts übersteigt ihn. Und doch kommen wir so oft voller Ängste und Zweifel zu ihm.

»Wird er es tun?«
»Will er es wirklich?«
»Liebt er mich genug?«

Bitte mit Vertrauen

Jesus möchte, daß du dich mit Vertrauen deinem Vater näherst. Erwarte nicht nur *irgendeine* Antwort, sondern glaube, daß er das tun wird, worum du ihn bittest.

Wo in seiner ganzen Lehre sagt uns Jesus, daß wir die Antwort ›Nein‹ erwarten sollen?

Nirgends!

Wenn wir uns im Gebet dem Herrn nähern ist es natürlich, daß wir mit geneigtem Haupt vor ihm stehen, weil wir gesündigt haben und Vergebung brauchen. Wenn wir bekannt und seine Vergebung empfangen haben, will er nicht, daß wir weiterhin mit niedergeschlagenem Blick ›in der Ferne‹ stehen.

Uns ist vergeben!

Deshalb können wir aufschauen, wie Jesus es tat, wenn er erwartungsvoll zu seinem Vater betete. Er wußte, daß der Vater immer sein Gebet erhören würde, weil er treu ist. »Jesus aber hob seine Augen auf und sprach: Vater, ich danke dir, daß du mich erhört hast. Ich weiß, daß du mich allezeit hörst« (Joh. 11,41f.). Er sprach diese Worte, bevor er Lazarus befahl, aus dem Grab zu kommen, in dem er seit vier Tagen gelegen hatte. Jesus glaubte offensichtlich, daß er die Antwort auf sein Gebet bekommen hatte, sogar schon bevor er gebetet hatte.

Als er jenen diente, die mit ihren Nöten kamen, sprach er zu den Bergen in dem Wissen, daß die Werke seines Vaters geschehen würden.

Gott möchte, daß wir so an das Leben herangehen – voller Erwartung, daß er in jeder Situation handeln wird, wenn wir unseren Glauben an ihn freisetzen. Mit einem Gott wie dem unseren, mit einem Vater wie unserem himmlischen Vater können wir es wagen zu glauben, daß wir bereits empfangen haben, wenn wir bitten, weil er uns in Treue geben wird. »Es wird euch zuteil werden«, sagt Jesus.

Wenn ›Glaube‹ nicht Glaube ist

»Vater, wir bringen dir unsere liebe Schwester Agathe. Ihr Arzt gibt ihr nur noch ein paar Wochen zu leben. Wir preisen dich, daß du sie liebst und daß du der Herr, unser Heiler, bist. Wir bitten dich jetzt im Namen Jesu, deine Hand auf sie zu legen und sie zu heilen. Wir danken dir für deine Verheißung, und wir nehmen diese Verheißung jetzt in Anspruch. Wir danken dir, daß es zu deiner Verherrlichung geschehen ist. Danke, Vater.«

Und alle sagen: »Amen«.

Das klingt beeindruckend! Es scheint, die betende Person glaubt wirklich, daß Agathe die Gabe der Heilung bereits vom Herrn erhalten hat. Nach der Versammlung jedoch kann man dieselbe Stimme, die dieses ›Gebet des Glaubens‹ äußerte, zu einem Freund sagen hören: »Die arme alte Agathe! Bert, ihr Mann, wird ohne sie sehr einsam sein.«

Was glaubt diese Person wirklich – die eindrücklichen Worte jenes Gebets oder die Bemerkungen danach? Die beiden Äußerungen stehen im Gegensatz zueinander. Die Leute, die ›Amen‹ gesagt haben, mögen viele verschiedene Dinge ›geglaubt‹ haben:

»Ich hoffte, der Herr würde die Schmerzen wegnehmen.«

»Ich betete, daß sie schnell und friedlich sterben könnte.«

»Ich dachte an den armen Bert. Er wird nicht wissen, wie er allein zurechtkommen soll.«

»Ich habe an die liebe Amy gedacht, die erst letzten Monat an der gleichen Krankheit gestorben ist.«

»Ich habe versucht, zu glauben.«

»Ich stellte sie mir vor, wie sie im Bett aufsteht, von Gott geheilt.«

»Ich konnte Jesus sehen, wie er bei ihr stand und sie tröstete.«

Eine Vielfalt an Haltungen – einige zeigen ein gewisses Maß an Glauben, aber viele sind negativ, und das Gebet des Glaubens ist sicherlich nicht dabei.

Dein Glaube – das, was du wirklich glaubst – ist in deiner Unterhaltung mit anderen Leuten ebenso sichtbar wie in deinem Gespräch mit Gott. Du glaubst, was du zu anderen sagst – egal, was für Worte du während deiner Gebetszeit sprichst.

Wie würde Gott antworten?

Versetze dich einmal in Gottes Lage: du willst Agathe heilen und wartest darauf, den Glauben zu sehen, der deine Heilung in ihrem Leben freisetzen wird. Wie würdest du auf diese Situation reagieren? Denke daran, daß du unter den Bedingungen des Bundes deine Versprechen halten wirst, aber von deinen Kindern erwartest du, daß sie daran glauben – glauben, daß sie bereits bekommen haben, worum sie bitten.

Würdest du nicht deinen Kindern zeigen wollen, daß sie dir nicht wirklich glauben? Sie sprechen die richtigen Worte, aber bei weitem nicht alle haben eine glaubensvolle und hoffnungsvolle Haltung. Die meisten wären mehr als nur ein bißchen überrascht, wenn Agathe geheilt würde.

Er bitte aber im Glauben und zweifle nicht; denn wer zweifelt, der gleicht einer Meereswoge, die vom Winde getrieben und bewegt wird. Ein solcher Mensch denke nicht, daß er etwas von dem Herrn empfangen werde. Ein Zweifler ist unbeständig auf allen seinen Wegen (Jak. 1,6–8).

Du mußt wissen, was du glaubst

Bevor ich Gott darum bitte, etwas zu tun oder zu geben, stelle ich mir selbst eine Frage: »Colin, was erwartest du, daß der Herr auf dieses Gebet hin tun wird?« Ich muß ehrlich mit mir sein. Die Frage ist nicht, was für eine Antwort möchte ich von ihm, oder was hoffe ich, daß er es tut, sondern was *glaube* ich, daß er sicherlich tun wird? Wovon ICH IN MEINEM HERZEN WEIẞ, DASS ER ES TUN WIRD.

Manchmal bin ich mir sehr wohl bewußt, daß ich nicht wirklich an die Antwort Gottes glaube, die der Not abhelfen wird. Ich will es, aber ich tue es nicht. Ich muß meinen Zweifel bekennen und den Herrn bitten, durch seinen Geist den Glauben in mir zu erwecken, der mir fehlt.

Gott hat versprochen zu tun, was wir glauben. In seiner Großzügigkeit wird er wahrscheinlich viel mehr tun, aber er hat gelobt, als unser Bundesgott das zu tun, was immer wir glaubend von ihm erwarten.

Bete konkret

Wenn du mit Glauben betest und von Gott erwartest, daß er dich erhört, dann wirst du ganz konkret bitten. Verschwommene Gebete sind der Ausdruck eines verschwommenen Glaubens. Diejenigen, die nebelhafte Gebete sprechen, sind nicht sicher, was sie glauben.

Wie kannst du »glauben, daß du empfangen hast«, wenn du gar nicht sicher bist, worum du Gott eigentlich bittest? Bevor du präzise zu Gott sprechen kannst, mußt du dir selbst darüber im klaren sein, was du glaubst.

Die, die unbestimmt beten, freuen sich über jede Antwort, die sie bekommen. »Das muß der Wille des Herrn gewesen sein«, sagen sie. Die, die mit Glauben beten, sind nur zufrieden, wenn sie die Antwort bekommen haben, die sie wollen und erwarten. Und sie werden weiter beten und weiter glauben, bis dieses spezifische Gebet seine spezifische Antwort erhält. Nichts Geringeres wird genügen.

Das bedeutet nicht, daß wir Gott vorschreiben können, *wie* er antworten soll, oder gar *wann* die Antwort kommen soll. Es bedeutet, daß wir es uns als seine neutestamentlichen Kinder leisten können, präzise und klar zu bitten, zu glauben, daß wir die Antwort bereits bekommen haben, und zu wissen, daß unser Vater es für uns tun *wird*, wie er es versprochen hat. Wie er es tut und wann, liegt bei ihm. Die Verheißung, die Jesus gibt, lautet: »So wird's euch zuteil werden.«

Wie du bitten kannst

Hier ist eine einfache Form für das Gebet des Glaubens, wie Jesus es in Markus 11,22—24 lehrt.

1. *Richte* deine Konzentration auf Gott. Erinnere dich an seine Liebe zu dir und daß du sein Kind bist. Verbringe einige Zeit im Lobpreis — gib dich ihm in der Anbetung hin.
2. *Frage* dich selbst: »Was glaube ich, daß Gott auf mein Gebet hin tun wird?«
3. *Wenn* du irgendwelche Zweifel darüber hast, daß er der Not begegnen wird, dann bekenne sie und bitte ihn, dir den Glauben Jesu zu geben, das winzige Samenkorn, das gewiß die Ernte bringen wird, wenn es eingepflanzt ist.
4. *Bringe* dem Herrn auch alles andere, was du mit ihm in Ordnung bringen mußt, vor allem jede Sünde, die vergeben werden muß.
5. *Vergib* jedem, der dir Unrecht getan oder dich verletzt hat.

6. *Danke* dem Herrn für seine Vergebung.
7. *Schaue* deinen Berg an — das Problem oder die Not, vor der du stehst. Verschwende keine Zeit damit, besorgt darüber nachzudenken, sondern ...
8. *Befiehl* ihm zu weichen! Es hilft oft, wenn du dir im Geiste die Lösung des Problems ausmalst. Sieh mit den Augen des Glaubens, wie es geschieht.
9. *Schau* wieder zum Herrn und danke ihm dafür, daß er tun wird, was du mit den Augen des Glaubens siehst. Er wird den Berg versetzen.
10. *Preise* ihn für seine Treue, mit der er seine Verheißung erfüllt.
11. *Bewahre* diese Haltung des Preisens und Dankens jeden Tag, bis dein Gebet erhört ist. Nimm den Schild des Glaubens und wehre mit ihm alle negativen Gedanken, Worte und Haltungen ab sowie auch die verlogenen Anklagen des Satans. (Die folgenden Kapitel werden dir zeigen, wie man das macht.)
12. *Fahre* fort, dem Herrn zu geben, und sei gewiß, daß er dir geben wird.

Dies ist nur ein Leitfaden — kein Rezept. Der einzige Weg, mit Glauben beten zu lernen, ist — es zu tun.

Dein Glaubenswort:
»**Alles, was ihr bittet in eurem Gebet, glaubt nur, daß ihr's empfangt, so wird's euch zuteil werden.**«

Kapitel 18
Es wird euch zuteil werden

Darum sage ich euch: Alles, was ihr bittet in eurem Gebet, glaubt nur, daß ihr's empfangt, <u>so wird's euch zuteil werden</u> (Mk. 11,24).

Jesus sagt nicht, wenn du etwas ›fühlst‹, wird es dir zuteil werden. Er sagt nicht, wenn du irgend etwas ›erlebst‹, dann wird es dir zuteil werden. Er sagt auch nicht, wenn deine Heilung *sofort* geschieht, dann wird sie dir zuteil werden.

Er sagt: »Glaubt nur, daß ihr's empfangt, so WIRD'S EUCH ZUTEIL WERDEN.«

Oft wird die Zeit der Prüfung deines Glaubens nicht die Zeit des Gebets sein, der Augenblick, in dem du bittest, sondern deine Haltung hinterher.

Mit Glauben beten heißt wissen, daß Gott dein treuer und liebevoller Vater ist, der sich unter dem Bund an dich gebunden hat und daran, all seine Verheißungsworte zu halten. Deshalb wird er für dich tun, was immer du im Namen Jesu erbittest. Du fährst fort, in dem Glauben zu beten, daß du es empfangen hast – wissend, daß ›es dir zuteil werden wird‹. Du kannst Gott nicht vorschreiben, wie oder wann er es tun wird. Aber DU WEISST, DASS ER ES TUN WIRD.

›Raketen‹ und ›Schildkröten‹

Wenn wir mit unseren Kindern über Gottes Gebetserhörungen sprechen, dann reden wir von ›Raketen‹ und ›Schildkröten‹. Manche Antworten kommen schnell und zielsicher wie eine Rakete zurückgeschwirrt. Wir mögen diese Gebetserhörungen – schnell, augenblicklich. Wenn es nach uns ginge, würde jedes Gebet eine ›Raketen-Antwort‹ bekommen!

In der Praxis scheinen andere Erhörungen so langsam auf uns zu zu kriechen wie Schildkröten, sich Schritt für Schritt dahinschleppend. Aber die Antwort kommt, sie ist auf dem Weg. Sie wird zur rechten Zeit ankommen, zu Gottes Zeitpunkt. Also glauben wir weiter. Wir beten weiter mit Danksagung dafür, daß die Antwort auf dem Weg *ist*, die Heilung, die Führung, oder was es auch immer sein mag.

»So wird's euch zuteil werden«; »es wird dir gegeben werden«; »es wird dir geschehen« – das sind die Worte Jesu.

Denn er (Abraham) zweifelte nicht an der Verheißung Gottes durch Unglauben, sondern wurde stark im Glauben und gab Gott die Ehre und wußte aufs allergewisseste: Was Gott verheißt, das kann er auch tun (Röm. 4,10f.).

Aber es ist so leicht, aufzugeben, bevor die ›Schildkröte‹ ankommt. Und wenn du aufhörst zu glauben, dann hört die Schildkröte auf, sich in deine Richtung zu bewegen. Ihr Kopf zuckt zurück in den Panzer! So bleibt deine Gebetserhörung zurück, irgendwo zwischen dem Himmel und dir schwebend. Und wenn sie nicht ankommt, ist es so einfach, Gott vorzuwerfen, daß er nicht antwortet. »Warum, Herr, warum?«

Darum werft euer Vertrauen nicht weg, welches eine große Belohnung hat. Geduld aber habt ihr nötig, damit ihr den Willen Gottes tut und das Verheißene empfangt (Hebr. 10,35f.).

Gott möchte nicht nur, daß du in dem Glauben bittest, daß du es erhalten hast, sondern auch, daß du geduldig ausharrst, bis du die Erfüllung der Verheißung siehst, bis die Antwort ankommt.

Laßt uns hinzutreten mit wahrhaftigem Herzen in vollkommenem Glauben ... Laßt uns festhalten an dem Bekenntnis der Hoffnung und nicht wanken; denn er ist treu, der sie verheißen hat (Hebr. 10,22f.).

Schenke den Zweifeln keinen Glauben

Während du auf die Antwort wartest, wird es viele Versuchungen zum Zweifeln geben. Es kam vor, daß ich begann, Gott zu glauben, aber irgendwann während der Wartezeit fing ich an, statt dessen den Zweifeln zu glauben. Dann verkriecht sich die ›Schildkröte‹ in ihren Panzer! Sie hört auf, sich zu bewegen, bis ich wieder anfange zu glauben!

Es ist leichter den Umständen vor deinen Augen zu glauben als der Verheißung, die Gott dir gibt, daß er der Not begegnet und das Problem löst. Bevor die Dinge besser werden, scheinen sie vielleicht sehr viel schlechter zu werden. Das ist eine wirkliche Glaubensprüfung, ob man den Worten Gottes glaubt oder seiner eigenen Erfahrung. Das ist die Konfrontation zwischen Glaube und Erfahrung.

Wenn Menschen aufgeben und aufhören, wegen der Lösung des Problems auf Gott zu schauen, dann ist das oft ein Anzeichen dafür, daß sie von Anfang an nicht wirklich geglaubt haben. Sie glaubten nicht, daß sie es schon bekommen hatten. Gott möchte die Zeit des Wartens dazu benützen, unser Vertrauen auf seine Treue aufzubauen. Er muß uns nur zu oft zeigen, daß wir nicht den Glauben haben, den er in uns sehen möchte.

Bete beharrlich

Manche Leute interpretieren den Satz »glaube, daß du es empfangen hast« folgendermaßen: Man solle nur einmal für eine Sache beten, glauben, daß es geschehen ist, und es dann vergessen. Wenn es um Heilung geht, solle man nur einmal um einen geistlichen Dienst bitten. Die Wiederholung des Gebets oder der Bitte um Handauflegung sei ein Anzeichen dafür, daß der einzelne nicht wirklich glaubt. »Wenn du glaubst, daß du es bekommen hast«, so argumentieren manche Leute, »wie kannst du dann noch einmal darum bitten? Wie kannst du um das bitten, wovon du glaubst, daß du es schon erhalten hast?«

Es ist sicherlich wahr, daß manches wiederholte Gebet mangelnden Glauben signalisiert. Wenn ich zum Beispiel Heilung bräuchte, könnte ich sagen: »Herr, bitte heile mich.« Morgen könnte ich das gleiche Gebet wiederholen, und auch übermorgen, und so fort. In einem Monat könnte ich immer noch das gleiche beten: »Herr, bitte heile mich.«

Offensichtlich bete ich beharrlich, aber ich bin nicht ausdauernd im glaubensvollen Gebet. In diesem Fall könnte ich in einem Jahr immer noch die gleichen Worte beten und mich fragen, warum Gott mich nicht erhört!

Wenn ich glauben würde, daß ich geheilt werde, würde mein Gebet anders lauten: »Herr, bitte heile mich gemäß der Verheißung deines Wortes, und ich danke dir für deine zuverlässige Erhörung.« Danach wäre es angemessen, im Danken weiterzufahren: »Danke, Herr, für meine Heilung.« Und ich hätte in dieser glaubenden Haltung zu verharren, bis die Heilung sich in meinem Leib erweisen würde. Das würde bedeuten, durch all die Zeiten hindurch am Danken zu bleiben, wenn mich Zweifel anfallen oder wenn es so aussieht, als ob das Gebet die Sachlage nicht verändert hätte. Ich muß am Danken festhalten, weil mein Herr gesagt hat: »Glaubt nur, daß ihr's empfangt, *so wird's euch zuteil werden.*«

Es geht hier natürlich nicht um die Worte, sondern darum, daß du in deinem Herzen die Worte glaubst, die du sprichst.

Das gleiche Prinzip trifft zu, wenn man wegen einer bestimmten Not um einen Dienst ersucht. Ich kenne viele Menschen, die über einen längeren Zeitraum hinweg geheilt wurden, nachdem ihnen bei mehreren Gelegenheiten die Hände aufgelegt worden waren. Aber der Dienst muß in einem Geist der Danksagung dafür geschehen, daß die ursprüngliche Bitte um Heilung im Begriff ist, erhört zu werden. Die Heilung ist im Werden!

Vielleicht hat die Person beim ersten Mal nicht viel Vertrauen, daß Gott heilen wird. Aber wenn die Heilung beginnt, wachsen Glaube und Erwartung. Nachfolgende Dienste können deshalb fruchtbarer sein.

Der Vorschlag, nur einmal zu beten und dann die Sache zu vergessen, schließt die Möglichkeit für solche Erhörungen aus und steht nicht in Einklang mit der Lehre Jesu über beharrliches Gebet.

»Er sagte ihnen aber ein Gleichnis darüber, daß sie allezeit beten und nicht nachlassen sollten« (Lk. 18,1).

Die Worte Jesu: »Bittet, so wird euch gegeben«, können wörtlich so übersetzt werden: »Hört nicht auf zu bitten, so wird euch gegeben.« Und im nächsten Vers, »jeder, der unaufhörlich bittet, der empfängt«.

Es wird uns also gesagt, in unserem Gebet ausdauernd zu sein, was in anderen Worten heißt, wir sollen beharrlich glauben, bis die Antwort eintrifft. Wir verlieren nicht den Mut, wenn die äußeren Umstände sich nicht sofort ändern. Paulus sagt:

Sorgt euch um nichts, sondern in allen Dingen laßt eure Bitten in Gebet und Flehen mit Danksagung vor Gott kund werden! (Phil. 4,6).

Eine irrtümliche Haltung

Manche Menschen sind verletzt worden durch eine irrtümliche Auslegung der Worte Jesu: »glaubt nur, daß ihr's empfangt, so wird's euch zuteil werden« – vor allem auf dem Gebiet der Heilung. Da sind jene, die behaupten: »Sobald du gebetet hast, bist du geheilt! Ignoriere alle Symptome und Schmerzen und wende deinen Glauben an!«

Manchmal wird Menschen geraten, sich selbst aus dem Krankenhaus zu entlassen, jegliche medizinische Behandlung abzubrechen, aus ihrem Krankenbett aufzustehen und sich zu benehmen, als ob sie geheilt wären. Es ist nicht schwer, sich die katastrophalen Folgen vorzustellen, die solcher Rat nach sich zieht.

Die Verheißung lautet: »so WIRD's euch zuteil werden«. Jesus sagt nicht, daß es dir *sofort* geschehen wird. Er verlangt nicht von uns, daß wir Taten tollkühner Tapferkeit vollbringen sollen und damit zu beweisen versuchen, daß wir glauben und ihm vertrauen. Genaugenommen, wenn irgend etwas mangelnden Glauben verrät, dann sind es solche Handlungsweisen. Anscheinend sind Leute, die solch eine Haltung einnehmen, nicht bereit, Gott zu vertrauen, daß er sein Versprechen auf die Weise einlösen wird, die er wählt, und zu der Zeit, die er für die beste hält.

Hüte dich vor denen, die für solche sogenannten ›Glaubens-Handlungen‹ eintreten! Das Problem wird durch die Autorität, die sie beanspruchen, hervorgehoben. »Der Herr sagt, du sollst das tun«, sagen sie. »Gott sagt mir gerade, daß du das Krankenhaus verlassen sollst.«

Wenn dann die kranke Person sich weigert oder aber gehorcht und sich dann wieder zu Bett begeben muß, sagt man ihr lediglich: »Du hast keinen Glauben, Bruder!«

Als Christen sollten wir solch lieblose geistliche Pfuscherei vergeben. Das ist aber nicht immer einfach. Es scheint diesen Leuten nicht in den Sinn zu kommen, daß – wenn sie an der Sache beteiligt sind – ihr eigener Glaube gerade so gut auf dem Spiel steht. Man kann ihnen eine angemessene Frage stellen: »Hast du den Glauben und die Autorität, zu dem Berg zu sprechen und ihn weichen zu sehen?«

Keine geistliche Erpressung

Mit Glauben beten heißt nicht, Gott etwas vorschreiben. Es heißt vielmehr, ihm zu vertrauen, daß er sein Wort hält, und im Herzen wissen, daß er es tun wird. Verzicht auf medizinische Behandlung kann Gott nicht beeindrucken. Oft ist nämlich gerade das der Kanal, den er benützt, um Heilung in ein Menschenleben zu bringen.

Eine junge Frau wünschte, daß ihre Augen geheilt würden. Sie betete, und als ›Glaubensakt‹ zerbrach sie dann ihre Brille und warf sie weg. Sie verbrachte mehrere Wochen mit beeinträchtigter Sehkraft, bevor sie sich eine neue Brille anschaffen mußte.

Das Zerbrechen der Brille bewies nichts. Wenn du an die Verheißung glaubst, dann weißt du, daß Gott heilen wird – egal, wie viele Brillen du besitzt! In diesem besonderen Fall war es die Handlung einer neuen Christin, deshalb ist es leicht zu verstehen, daß ihr solch ein Fehler unterlief. Wenn der Herr dich geheilt hat und dein Körper die Offenkundigkeit der Heilung zeigt, dann ist es Zeit, deine Brille oder deine Krücken wegzuwerfen. Gott wird nicht durch einen wohlmeinenden Christen geehrt, der in die Praxis seines Arztes humpelt und verkündet: »Der Herr hat meinen Fuß geheilt. Ich glaube es.«

Wir müssen unser Vertrauen auf Gottes Verheißungsworte setzen, nicht auf Gebärden von geistlichem Imponiergehabe. Bevor Petrus aus dem Boot kletterte, als Jesus auf dem Wasser stand, wartete er, bis das Gebot »komm« an ihn erging. Sein Glaube war die Erwiderung auf die Worte Jesu.

Jeder, der aus dem Boot springt, bevor er die persönliche Aufforderung des Herrn dazu hört, muß damit rechnen, zu versinken.

Es ist schön und gut zu sagen, »ich glaube es«. Höre nicht auf, es zu sagen. Aber warte mit dem Zeugnis über deine Heilung, bis du den Beweis der Antwort an deinem Körper gesehen hast.

»Alles Gebet geschehe mit Glauben«

Auf der anderen Seite gibt es viel Lehre über Gebet und Heilung, die den Menschen versichert, alles, was sie tun, sei ein Ausdruck des Glaubens. Man behauptet, die bloße Tatsache, daß jemand betet, beweise ›Glauben‹. Es liegt schon ein Stück Wahrheit in dieser Aussage. Aber wenn jemand betet, heißt das noch nicht, daß er diesen ›Senfkorn-Glauben‹ hat, von dem Jesus spricht – das Wissen, daß der Same des Gebets sicherlich die erwünschte Ernte hervorbringen wird.

Es ist einfacher zu beten, als zu glauben! Es ist möglich zu bitten, aber ohne den Glauben, von dem Jesus spricht.

»Ich glaube wirklich«

Viele Menschen kommen, um Gebet, Handauflegung oder Salbung zu erhalten, und ›glauben‹ wirklich, daß Gott sie heilen wird. Aber sie gehen hinterher enttäuscht weg, weil sie das Gefühl haben, daß

»nichts passiert ist«. Man nimmt dann an, daß Gott wohl irgendeine andere Absicht haben wird, daß es vielleicht nicht sein Wille ist, in dieser Situation zu heilen. Dennoch würde das Jesu Verheißung über das Gebet leugnen: »*Was* ihr bittet ...«

Hier stehen wir wieder vor zwei verschiedenen Interpretationen von ›Glauben‹: das, was Christen gewöhnlich mit diesem Ausdruck meinen, und das, was Jesus damit meint.

Die Person, die wegen eines geistlichen Dienstes kommt, wird nicht enttäuscht weggehen, wenn sie glaubt, daß sie es schon empfangen hat. Sie wird mit Freuden gehen – wissend, daß Gott treu ist und es tun wird. Sie hat im Glauben gebetet, und Gott wird diesen Glauben beantworten. Auch wenn in dem Moment äußerlich keine Heilung sichtbar ist.

Es mag ein Problem für diese Person sein, daß die Heilung nicht sofort geschehen ist. Jesus sagt in seiner Verheißung nichts davon. Er sagt, die Erhörung des Gebets ›wird dir zuteil werden‹.

Der Glaube sagt: »ICH GLAUBE.«

Der Zweifel, der sich in Enttäuschung niederschlägt, sagt: »ICH HABE GEGLAUBT!«

Glaube ist eine unaufhörliche glaubensvolle Haltung, bis man die Erhörung sieht.

In den letzten Jahren habe ich mit zahllosen Menschen um Heilung gebetet. Viele hätten zur Zeit des Gebets gesagt, daß sie nichts erlebten oder geschehen fühlten. Und doch bezeugten sie innerhalb einiger Tage ihre Heilung. Gerade diese Woche erhielt ich einen Brief, der mir von zwei Menschen erzählte, mit denen ich kürzlich betete, die beide Rücken-Probleme hatten. Ich hatte über das Gebet des Glaubens gesprochen und über die Notwendigkeit, weiter zu glauben bis die Antwort da ist.

Als wir am Sonntagabend beteten, bemerkte anscheinend keiner der beiden irgendeine wesentliche Veränderung ihrer körperlichen Verfassung. Bis zum folgenden Mittwoch waren beide geheilt. Am Sonntag hätten sie sagen können, das Gebet habe nicht gewirkt, obwohl sie geglaubt hatten. Sie hätten ihrer Enttäuschung nachgeben und die Haltung einnehmen können: »Wir versuchen es ein andermal, irgendwo anders.«

Statt dessen hatten sie die Verheißungen Jesu gehört und hielten an ihnen fest, bis sie die Heilung empfangen hatten. Zwei oder drei Tage scheinen nicht sehr lange zu sein, um auf die Erhörung zu warten – außer für den, der den kranken Rücken hat! In drei Tagen kann es eine

Menge Versuchung zum Zweifeln geben und viele Gelegenheiten, das Glauben aufzugeben und der Enttäuschung nachzugeben.

Aber wenn du glaubst, daß du sie erhalten hast, dann wirst du höchstens darüber enttäuscht sein, daß die Heilung nicht wie eine ›Rakete‹ kam. Du wirst dich dennoch freuen und Gott preisen, weil du weißt, daß du sie bekommen wirst.

Keine ›Gefühle‹

Manche Leute kommen gar nicht bis zur Wartezeit. Sie glauben nur an ›Raketen‹. Das kann zur Gefahr werden, vor allem, wenn man wegen Heilung einen Dienst sucht. Wenn sie beten und nichts ›fühlen‹ oder ›erleben‹, dann zweifeln sie oft daran, daß Gott sein Versprechen einlöst. In Wirklichkeit setzen sie ihr Vertrauen eher auf das ›Gefühl‹ oder das ›Erlebnis‹ als auf die Worte Gottes: »es wird dir geschehen«. In diesem Fall ist ihr Glaube auf Sand gebaut und sie sind für viele Enttäuschungen prädestiniert, bis sie auf Fels bauen.

Bei manchen Diensten schickt der Herr viele ›Raketen-Antworten‹. Wir müssen es lernen, für die ›Schildkröten‹ genauso dankbar zu sein. Gottes Weisheit ist unendlich größer als unsere. Er weiß am besten, wann und wie wir die Antwort bekommen sollen. Und sein Geist, der in uns lebt, wird uns zuverlässig zu diesem Punkt des Empfangens führen, wenn wir weiterhin die Worte Jesu glauben, die er uns erklärt.

Versagen wird vergeben

Ich habe in meinem geistlichen Leben zurückschauen und Gott bitten müssen, all die ›Ausrutscher‹ zu vergeben, bei denen ich den Zweifeln nachgegeben und ihnen vor seinen Verheißungen geglaubt hatte. Wie wundervoll ist es, daß Gott jedesmal, wenn wir unser Versagen bekennen, unser Schuldkonto völlig auslöscht. Er vergibt vollständig. Er gibt einen neuen Anfang. Er verdammt uns nicht wegen der Vergangenheit, sondern gibt uns eine neue Möglichkeit, für die Zukunft zu glauben.

Er will auch nicht, daß du dich verdammt fühlst. Er will nicht, daß du ständig unter der Wolke deiner vergangenen Fehler lebst. Wenn er dir zeigt, daß du manchmal nicht wirklich geglaubt hast, er werde die Lösung eines Problems, vielleicht einer schwerwiegenden Not, schenken, dann bring das Versagen geradewegs zu ihm und nimm seine Vergebung an. Wenn du anfingst, an eine Erhörung zu glauben, aber nach einer Weile aufgabst, weil du eher den Umständen als der Verheißung glaubtest, dann bitte den Herrn, deinen Mangel an Ausdauer zu vergeben. Wenn du in der Vergangenheit nur nach ›Raketen‹ Ausschau gehalten hast, dann sprich jetzt das Gebet des Glaubens und glaube, daß »es dir geschehen wird«.

Sei gewiß, daß Gott sich um die Zukunft kümmert, und daß du eine neue, feste und glaubensvolle Haltung dem Bitten gegenüber haben kannst. Während du lernst, das Gebet des Glaubens zu beten, wirst du ihm glauben und dich an seine Verheißungen hängen, selbst wenn du nur mit deinen Fingernägeln daran hängst – wie das manchmal geschehen wird!

Dein Glaubenswort:
»Es wird dir zuteil werden.« »Du wirst es empfangen.« »Es wird dir geschehen.«

Kapitel 19
In meinem Namen

Was ihr mich bitten werdet IN MEINEM NAMEN, *das will ich tun* (Joh. 14,14).

Diese Worte werden dir inzwischen wohl vertraut sein. Im vorhergehenden Vers sagt Jesus:

Und was ihr bitten werdet in meinem Namen, das will ich tun, damit der Vater verherrlicht werde im Sohn (Joh. 14,13).

In beiden Versen spricht Jesus vom Bitten »in meinem Namen« und später vom Empfangen »in meinem Namen«.

Wahrlich, wahrlich, ich sage euch: Wenn ihr den Vater etwas bitten werdet, so wird er's euch geben in meinem Namen (Joh. 16,23).

Der Name Jesu ist mehr als ein Titel, er schließt seine ganze Person ein. »Im Namen« Jesu wird den Jüngern Macht gegeben, die Kranken zu heilen und Dämonen auszutreiben. Sie bekommen die Autorität, die gleichen Taten wie Jesus zu vollbringen, so als ob er es selbst täte.

»Wo zwei oder drei versammelt sind IN MEINEM NAMEN, da bin ich mitten unter ihnen« (Mt. 18,20). Die Person Jesu ist anwesend, weil sie »in seinem Namen« zusammenkommen.

»Wer ein solches Kind aufnimmt IN MEINEM NAMEN, der nimmt MICH auf« (Mt. 18,5). Irgend jemand »in seinem Namen« aufzunehmen bedeutet, den Herrn selbst, die Person Jesu, aufzunehmen.

Im Namen Jesu beten heißt, seine Person in das Gebet hineinzubringen. Es ist, als ob Jesus selbst dieses Gebet zu seinem Vater spräche. Jesus sagt uns, »bittet in meinem Namen«. Das ist die Weise, in der wir nach seinem Wunsch beten sollen.

Die Person Jesu in das Gebet zu bringen heißt, mit seiner Liebe, seiner Zielsetzung und seinem *Glauben* zu beten. Wenn dir das unmöglich erscheint, dann denke daran, daß Gott dir seinen Heiligen Geist gegeben hat, damit du mit seiner Liebe erfüllt sein, seinen Willen erkennen und mit seinem Glauben inspiriert sein kannst!

Wenn du einer Situation gegenüberstehst, die Gebet erfordert, kannst du dir die folgenden Fragen stellen:

1. Wie würde Jesus in dieser Situation *lieben*?
Das ist die Weise, in der ich lieben will.

2. Was würde Jesus in dieser Situation *tun*?
Das ist es, was ich tun will.

3. Was würde Jesus in dieser Situation *glauben*?
Genau so will ich auch glauben.

Indem du lernst, im Namen Jesu zu beten, lernst du auch, in seine Haut zu schlüpfen. So wirst du dann das Problem wie er anpacken, in dem Wissen, daß alle Mittel und Wege des Himmels zu deiner Verfügung stehen. Dein Vater will nicht, daß du voller Zweifel, Unsicherheit und Hoffnungslosigkeit bist. Er will, daß du mit dem Vertrauen Jesu betest, weil du weißt, daß du Gottes Kind bist.

Jesus im Gebet

»Im Namen Jesu« beten bedeutet, daß du ihn in das Gebet hereinziehst. Er betet dann zusammen mit dir. Er packt mit dir das Problem an. Ihr bietet ihm gemeinsam die Stirn, in seiner Kraft, mit seinem Glauben − jenem Senfkorn-Glauben, der Berge versetzt − und mit seiner Liebe. »Bleibt in mir, und ich in euch.« Wenn du betest, dann lebst du in Jesus, und er lebt in dir. Dein Gebet ist dann eine gemeinschaftliche Unternehmung!

Wenn du also »im Namen Jesu« betest, dann können deine Gebete die Wirksamkeit von Jesu eigenen Gebeten haben. Wir können uns vom Vater nicht vorstellen, daß er irgendein Gebet seines eigenen Sohnes ignoriert. So wird er auch nicht eines der Gebete seiner Kinder übergehen, die in seinem Namen beten, innerhalb der Bundesbeziehung, die er ihnen gegeben hat.

Keine Formel

Leider ist »im Namen Jesu« eine Formel geworden, die ans Ende der meisten Gebete geheftet wird, um ihnen einen Hauch von Echtheit zu geben, und damit andere Anwesende wissen, wann es Zeit ist, ›Amen‹

zu sagen! Das Gebet erzielt keine wesentlichen Ergebnisse, wenn es auf eine Reihe von Formeln reduziert wird. Nicht die gesprochenen Worte sind wichtig, sondern das, was im Herzen des Betenden vor sich geht. Betet er zusammen mit Jesus? Drückt sein Gebet die Liebe und Anteilnahme Jesu aus? Glaubt er daran, daß Gott etwas tun wird, so wie Jesus in jeder Situation an das Wirken seines Vaters glaubt?

Als Jesus betete, schaute er erwartungsvoll zum Himmel auf. Er schaute nicht den Berg an und betrachtete ihn nicht als unbeweglich! Er kannte die Mittel, die ihm zur Verfügung standen, und diese gleichen Mittel sind auch für *dich* verfügbar. Du brauchst nicht schon niedergeschlagen zu sein, bevor du überhaupt anfängst. Du hast das Vorrecht bekommen, im Namen Jesu zu beten und ihn in deinem Gebet zu haben. Nutze dieses wertvolle Privileg!

Denke daran, daß er dir verheißt: »was ihr bitten werdet in meinem Namen, das will ich tun«!

Wenn Jesus mit dir im Gebet ist, wird er sichergehen, daß die Verheißungen erfüllt werden, daß »es dir geschehen wird«. Zusammen werdet ihr auf den Vater schauen, damit »wenn ihr den Vater etwas bitten werdet, so wird er's euch geben in meinem Namen«. Der Vater wird dir geben, wie er Jesus gibt, weil du mit ihm einig bist in deinem Gebet.

Was für Möglichkeiten stehen dir offen, wenn du »im Namen Jesu« betest in dem Bewußtsein, daß er mit dir betet!

Dein Glaubenswort:
»Und was ihr bitten werdet in meinem Namen, das will ich tun.«

Kapitel 20
Was ihr wollt

Amen, Amen, ich sage euch: <u>Was immer</u> ihr vom Vater erbittet, wird er euch in meinem Namen geben. Bisher habt ihr noch nichts in meinem Namen erbeten: Bittet, so werdet ihr empfangen, damit eure Freude vollkommen wird (Joh. 16,23f.; Wilckens-Übersetzung).

WAS IMMER! »Amen, Amen, ich sage euch ...« bedeutet, »ich sage dies mit allem Nachdruck«. Die Jünger sollten ganz besonders achtgeben auf das, was Jesus im Begriff war zu sagen.

Im Verlauf seines Dienstes hatten sie sich an seine körperliche Gegenwart unter ihnen gewöhnt und daran, daß er die Worte seines Vaters sprach und seine Werke vollbrachte. Sie pflegten zu Gott als ›Vater‹ zu beten, wie Jesus es ihnen beigebracht hatte. Aber sie hatten Gott niemals um etwas gebeten, so als ob Jesus selbst bitten würde. Sie hatten noch nie »im Namen Jesu« gebetet.

Als ihm die Kreuzigung unmittelbar bevorstand, gab er ihnen die Verheißung, daß bald der Heilige Geist kommen würde, um in ihnen zu leben: »Euer Herz soll sich freuen, und eure Freude soll niemand von euch nehmen« (Joh. 16,22). Jesus wird dann in ihnen leben, um in ihnen zu beten und durch sie die Werke seines Vaters zu vollbringen:

Wahrlich, wahrlich, ich sage euch: Wer an mich glaubt, der wird die Werke auch tun, die ich tue, und er wird noch größere als diese tun; denn ich gehe zum Vater (Joh. 14,12).

Das ist eine Verheißung für den, der »an mich glaubt« – für jeden, der sein Vertrauen auf Jesus setzt. Denn die, die wahrhaft »im Namen Jesu« beten, die beten mit ihm, mit den grenzenlosen Quellen seiner Macht. In den Tagen seines irdischen Dienstes war Jesus wie alle Menschen durch Zeit und Raum begrenzt. Jetzt, da er mit dem Vater in der Herrlichkeit regiert, hat er unter keinerlei Begrenzungen dieser Art zu leiden. Er ist in uns und mit uns, während wir in seinem Namen beten, und doch kann seine Gegenwart und Macht durch glaubensvolles Gebet jederzeit an jeden Ort gerichtet werden. Das ist einer der Gründe, warum Jesus nicht wollte, daß seine Jünger über seinen drohenden Tod traurig waren. Sein Tod würde für die Zukunft unaussprechliche Möglichkeiten eröffnen.

Jesus hieß sie »in meinem Namen« zu beten, damit der Vater ihnen – als dem bleibenden Leib Jesu hier auf Erden – geben kann, wie er ihm gab in den Tagen seines menschlichen Daseins.

Vater oder Sohn

Du kannst zu beiden beten, zum Vater oder zum Sohn. Jesus sagte: »Ich und der Vater sind eins« (Joh. 10,30).

Worum ihr in meinem Namen bitten werdet, das will ich euch erfüllen.
Was ihr mich bitten werdet in meinem Namen, das will ich tun.

Jesus macht es klar, daß er *für* seine Nachfolger Dinge *tun* will, auch nach der Kreuzigung und Auferstehung. Gleichzeitig heißt er sie zu seinem Vater beten:

Was immer ihr den Vater in meinem Namen bittet, das wird er euch geben.
Wenn ihr den Vater etwas bitten werdet, so wird er's euch geben in meinem Namen.

Der Vater will seinen Kindern geben, wie er seinem Sohn während seines Erdendaseins gab.

Ob du nun zum Vater oder zum Sohn betest – worauf es ankommt, ist, daß du im Namen Jesu betest, mit seinem Glauben und dem Wissen um die Bereitschaft deines Bundesgottes, dich zu beschenken und für dich zu handeln. Außerdem ist es wichtig, daß dein Gebet mit der Gegenwart Jesu, seiner Liebe, seinem Leben und seiner Kraft erfüllt ist.

Zwei Ziele

Jesus sagt, daß er tun will, was immer wir ihn »in seinem Namen« bitten, »damit der Vater durch den Sohn verherrlicht wird«. Das ist sein Ziel: den Vater zu verherrlichen. Das ist auch unser Ziel als Christen, daß wir zu seiner Verherrlichung Frucht bringen.

Er sagt, daß der Vater uns alles geben wird, worum wir in Jesu Namen bitten, »damit eure Freude vollkommen wird«. Ein liebender Vater ist glücklich, wenn er seine Kinder beschenken kann und ihre Freude sieht.

Wenn wir sagen, daß Gott seine Kinder segnen will, sehen wir gleichzeitig ein, daß er sie glücklich sehen will, damit ihre »Freude vollkommen wird«.

Er will *dich* beschenken.

Was immer du willst

Jesus scheut sich nicht, uns dazu anzuhalten, zu bitten »was immer ihr wollt«, weil er weiß, daß der Heilige Geist die richtigen Wünsche in den neuen Herzen wachrufen wird, die Gott seinen neutestamentlichen Kindern gegeben hat. Wenn du oder jemand anders krank ist oder sich in einer anderen Not befindet, dann wirst du als Christ instinktiv für diese Person beten. Der Geist in dir drängt dich zu beten.

Dein Verstand mag dir irgend etwas anderes sagen. Du magst denken: »Es ist nutzlos. Es ist sinnlos. Aus meinem Gebet wird nichts Gutes hervorgehen.« Aber der Geist wird sagen: »Bete!« Und Jesus, der in dir lebt, will dich beten sehen mit seinem Glauben, in seinem Namen und in dem Vertrauen darauf, daß du es empfangen hast.

Glauben, daß Gott Probleme löst, ist ja schön und gut, aber meint er wirklich, daß wir für *alles* bitten können, was wir wollen? Ja, das meint er.

Ich habe mich oft darüber gefreut, daß Gott Gebete erhört hat um unnötige, ja sogar banale Dinge, die man schwerlich als Notwendigkeiten bezeichnen könnte. Aber jeder liebevolle Vater möchte seine Kinder mit mehr als nur den nackten Bedürfnissen des Lebens versorgen. Und unser himmlischer Vater liebt bis zum äußersten und überschwenglicher als jeder menschliche Vater. Er ist an jedem Bereich unseres Lebens interessiert, auch an den scheinbar unbedeutenden. Er wird uns nicht erlauben, seine Großzügigkeit zu mißbrauchen, aber er will auch nicht, daß wir sie verschwenden, indem wir sie ungenutzt lassen!

Jakobus sagt: »Ihr ... habt nichts, weil ihr nicht bittet« (Jak. 4,2). Gott möchte dir beibringen, ihm in den kleinsten Einzelheiten zu vertrauen, so gut wie in den großen Nöten. Er will dir beibringen, zu ihm aufzuschauen, damit er »für dich tut« und »dir gibt«, alles, was du im Namen Jesu bittest.

Und denke daran, daß er nicht nur verherrlicht wird im Beschenken seiner neutestamentlichen Kinder, sondern daß er auch will, daß »eure Freude vollkommen wird«. Er erfreut sich am Schenken, er erfreut sich an dem Glauben, den wir ihm entgegenbringen, und er erfreut sich an der Freude seiner Kinder, wenn sie empfangen.

Falsches Bitten

»Wie kann ich sicher sein, daß das, worum ich bitte, in den Augen Gottes richtig ist?« Dem Willen Gottes gemäß zu beten ist für Christen mit Recht eine große Sorge. Manche sind schnell dabei, Jakobus' Worte zu zitieren:

Ihr bittet und empfangt nichts, weil ihr in übler Absicht bittet, nämlich damit ihr's für eure Gelüste vergeuden könnt. Ihr Abtrünnigen! (Jak. 4,3f.).

Jesus betete nicht, um seinen Leidenschaften nachzugehen! Du wirst auch nicht »im Namen Jesu« beten können, um deinen Leidenschaften zu frönen. Du kannst nicht mit Jesus beten oder Vertrauen haben, daß er mit dir betet um etwas, wovon du weißt, daß es seinem Willen entgegensteht. Es ist möglich, aus egoistischen Beweggründen um falsche Dinge zu bitten. Aber du kannst für solche Dinge nicht mit dem Glauben Jesu beten. Der Heilige Geist in dir wird diesen Glauben nicht anfachen, um für irgend etwas zu beten, was dem Willen des Vaters widerspricht. Auch wird Jesus in diesem Gebet nicht mit dir beten. Und du kannst sicher sein, daß der Vater dir schwerlich das geben wird, was seinen liebevollen Absichten für dich entgegensteht.

Es mag viele Dinge geben, von denen dir dein ›Fleisch‹ vielleicht sagt, daß du sie gerade jetzt gerne haben möchtest. Du betest für sie nicht das Gebet des Glaubens, weil du nur zu gut weißt, daß du lediglich deinen Leidenschaften nachgeben und nicht wie Jesus beten würdest.

Die meisten deiner Bittgebete werden jedoch echte Nöte betreffen, in deinem eigenen Leben und im Leben anderer. Du brauchst nicht zu zögern, diese Nöte so anzugehen, wie Jesus es tun würde: mit Liebe und Anteilnahme, mit Kraft und Glauben. Du brauchst in deinem Denken oder Beten nicht zaghaft zu sein. Jesus war nie zaghaft.

Stelle diese Not jetzt vor dich. Gebiete dem Berg, zu weichen, und bitte Jesus, in dieser Situation für dich zu handeln. Bitte den Vater, zu geben, was auch immer vonnöten ist. Und denke daran:
Gott *will*, daß du bittest.
Er *will*, daß du glaubst, du hast es.
Er *will*, daß du »im Namen Jesu« betest.
Er *will* sich darin verherrlichen, dich zu beschenken.
Er *will*, daß deine Freude vollkommen wird.
Er *will*, daß du ein fruchtbares Gebetsleben hast.

Dein Glaubenswort:
»Bittet, so werdet ihr empfangen, damit eure Freude vollkommen wird.«

Kapitel 21
Jede Not

Angst ist das Gegenteil von Glauben. Wenn du Angst hast, dann vertraust du Gott nicht.

Wir alle erleben im Verlauf unseres Alltagslebens Angst und Sorge: Ängste, die Arbeit betreffend, die Kinder, die Finanzen, die Zukunft, und so weiter.

Gott gibt uns ein sehr einfaches Gebot: »Fürchte dich nicht« – ein Gebot, das Hunderte Male in der Bibel wiederholt wird. Dieser Satz kam oft über die Lippen Jesu. Er versicherte seinen Zuhörern, daß sein Vater ihre Bedürfnisse kennt und sie stillen will. Also war es nicht nötig, sich zu ängstigen oder zu sorgen.

Wenn ihr betet, sollt ihr nicht viel plappern wie die Heiden; denn sie meinen, sie werden erhört, wenn sie viele Worte machen. Darum sollt ihr ihnen nicht gleichen. Denn euer Vater weiß, was ihr bedürft, bevor ihr ihn bittet (Mt. 6,7f.).

Gott sucht nach dem Glauben in deinem Bitten, der die Antwort auf solche Bedürfnisse in deinem Leben freisetzen wird.

Darum sage ich euch: Sorgt nicht um euer Leben, was ihr essen und trinken werdet; auch nicht um euren Leib, was ihr anziehen werdet (Mt. 6,25).

»Euer himmlischer Vater ernährt die Vögel«, sagt Jesus dann weiter. Vertraue ihm, daß er dich ernährt und daß er deine Bedürfnisse stillt. Außerdem, »Wer ist unter euch, der seines Lebens Länge eine Spanne zusetzen könnte, wie sehr er sich auch darum sorgt?« (V. 27). Was wird dir all dein Sorgen einbringen? Nichts! Glaube statt dessen an die Verheißungen deines Vaters!

Wenn nun Gott das Gras auf dem Feld so kleidet, das doch heute steht und morgen in den Ofen geworfen wird: sollte er das nicht viel mehr für euch tun, ihr Kleingläubigen? Darum sollt ihr nicht sorgen und sagen: Was werden wir essen? Was werden wir trinken? Womit werden wir uns kleiden? Nach dem allen trachten die Heiden. Denn euer himmlischer Vater weiß, daß ihr all dessen bedürft (Verse 30–32).

Die ›Heiden‹ sind in diesem Zusammenhang die Menschen ohne Glauben, also die, die außerhalb der Bundesbeziehung zwischen Gott und Israel standen. Du gehörst zum Neuen Bund und brauchst dir also keine Sorgen um irgend etwas zu machen.

Gott ist DEIN Vater. Du bist sein Kind, ein Kind des Neuen Bundes. All seine Verheißungen gelten für *dich*. Er liebt *dich*. Er sorgt für *dich*. Er will *all deinen* Nöten abhelfen. Und er weiß um sie, sogar schon bevor du ihn bittest.

Zuerst das Reich Gottes

Wenn du betest, dann bittest du Gott nicht um etwas, was er nicht tun will. Du machst ihn glücklich, indem du ihm erlaubst, deinen Glauben zu belohnen und dich zu beschenken. So sagt uns Jesus:

Trachtet zuerst nach dem Reich Gottes und nach seiner Gerechtigkeit, so wird euch das alles zufallen (Mt. 6,33).

Noch eine wertvolle Verheißung, die einem wichtigen Gebot folgt. Jedes Bedürfnis in deinem Leben wird gestillt, wenn es dir zuerst um das Reich Gottes geht und du in einer richtigen Beziehung zu ihm stehst. Deshalb ist es nötig, daß du dich vorbehaltlos dem Herrn hingibst, damit du durch das Blut Jesu gerecht gemacht wirst, in eine richtige Beziehung zu ihm gebracht wirst, ihn als ›Vater‹ kennst und mit seinem Heiligen Geist erfüllt wirst. Es ist nötig, daß du ihm alles auslieferst, damit er ›Herr‹ und ›König‹ in deinem Leben sein kann. Damit er die oberste Herrschaft in dir ausübt. Damit du lebst – nicht für deine eigenen selbstsüchtigen Ziele, sondern für ihn. Um ihn zu ehren und zu rühmen.

Das Gebet des Herrn

Wenn du für ihn lebst, dann verheißt Gott: »so wird euch das alles zufallen«. Jesus lehrt uns zu beten:

»*Unser Vater im Himmel*«: Das ist das wunderbare Privileg seiner Kinder — ihn nicht nur als ›Vater‹ zu kennen und in dieser Art von Beziehung zu Gott zu stehen, sondern ihn auch anzurufen, um all seine himmlischen Quellen zu gebrauchen und damit nach seiner Verheißung unsere Bedürfnisse zu stillen. Natürlich muß uns bewußt sein, daß wir von Gott nicht fordern sollen. Wenn wir seinen Verheißungen glauben, wird er geben.

Das Wort ›Vater‹ ist für einen Christen überaus wertvoll. Es spricht von Gottes Liebe, Fürsorge, von seinem Interesse und seiner Bereitschaft zum Geben.

»*Dein Name werde geheiligt*«: Wenn du Gott ›erkennst‹, dann ist es dein größter Herzenswunsch, ihn über all dem, was er ist, zu preisen: den großen, allmächtigen, heiligen Gott, der *dein* Vater ist. Es gibt keine größere Freude als die des Lobpreises, wenn wir in Anbetung vor den Thron Gottes erhoben werden. All dein Bitten muß in den Zusammenhang des Lobpreises gestellt werden. Denn dann werden deine Augen nicht auf das Problem gerichtet sein, sondern auf den einen, der die Antwort darauf ist. Und je mehr du ihn preist, desto größer wird dein Bewußtsein der Unermeßlichkeit Gottes und dein Staunen über seine Liebe zu dir.

Den Namen deines Gottes zu preisen heißt, ihn ›in Person‹ zu preisen. Das ist *dein* Vorrecht.

»*Dein Reich komme. Dein Wille geschehe wie im Himmel so auf Erden*«: Du kannst diese Worte nur »von Herzen« beten, wenn du sie auf dein eigenes Leben beziehst. Du kannst nicht im Ernst beten, daß Gottes Wille auf Erden geschehe, wenn du selbst nicht bereit bist, seinen Willen zu tun. So sagst du also zu deinem Vater: »Ich will, daß du in meinem Leben und im Leben all deiner Leute regierst. Ich möchte, daß dein Wille in mir und in jedem Menschen geschieht.«

Jesus möchte, daß du hier auf Erden ein Leben des Reiches Gottes führst. Das bedeutet, daß du nicht jede Situation aus einem rein menschlichen Gesichtswinkel siehst, sondern dir klarmachst, daß dir alle Quellen und Mittel des Himmels zur Verfügung stehen. Während du im Glauben an die Verheißungen deines Vaters betest, werden diese Mittel auf die Erde gebracht.

Der Vater will in seinen Kindern nicht nur Jesu Glauben sehen. Er sucht nach seiner Liebe in ihnen. Er möchte sein Leben in ihnen verwirklicht sehen, das sich in ihrer Fürsorge füreinander ausdrückt und in ihrem Wunsch, sich mit ihren himmlischen Quellen anderen zuzuwenden, um ihren Nöten abzuhelfen.

»Unser tägliches Brot gib uns heute«: Wieder prägt Jesus uns seinen Wunsch ein, daß wir unseren Vater bitten sollen, uns zu *geben.* »Tägliches Brot« bedeutet, daß wir ihn um alles bitten, was wir brauchen, um seinen Willen tun und dieses ›Reich-Gottes-Leben‹ hier auf Erden führen zu können.

Und Jesus heißt uns beten: »Gib uns *heute.*« Wir sollen nicht in der verschwommenen Hoffnung beten, daß wir vielleicht eines Tages in der Zukunft etwas von Gott empfangen. Statt dessen sollen wir erwarten, daß Gott *heute* unsere Bedürfnisse stillt. Er wird uns *heute* versorgen.

»Und erlaß uns unsere Schulden, wie auch wir sie unseren Schuldnern erlassen haben« (nach Wilckens): Nicht vergebene Schuld kann uns so leicht davon abhalten, das zu erhalten, was uns unser Vater geben will. Er ist immer bereit, seinen Kindern zu vergeben und sie wieder zu der Einheit mit ihm zurückzubringen, die er mit ihnen genießt.

Oft ist es seine Art, daß er uns erst dann geben wird, wenn wir zuerst gegeben haben. Das gilt besonders für die Vergebung. Beachte die Worte, die Jesus gebraucht: »... wie auch wir ... erlassen haben.«

Du vergibst denen, die dir Unrecht tun, und Gott wird dir das Unrecht vergeben, das du ihm getan hast.

Am Ende seines Gebetes unterstreicht Jesus diesen Punkt nachdrücklich: »Denn wenn ihr den Menschen ihre Verfehlungen vergebt, so wird euch euer himmlischer Vater auch vergeben. Wenn ihr aber den Menschen nicht vergebt, so wird euch euer Vater eure Verfehlungen auch nicht vergeben« (Mt. 6,14f.).

»Und führe uns nicht in Versuchung«: Gott will nicht, daß wir seinem Willen ungehorsam sind, seine Herrschaft in unserem Leben leugnen oder an seinen Worten zweifeln. Er ist mit uns in all unseren Versuchungen, an seiner Verheißung zu zweifeln oder es aufzugeben, ihm für die Antwort auf unsere Gebete zu vertrauen. Er gibt uns niemals auf. Er verläßt uns nie: »Ich will mit dir sein; ich will dich nicht verlassen noch versäumen.«

Er will, daß wir gegen jede Versuchung, zu zweifeln, den Schild des Glaubens aufnehmen und uns an seinen Worten festhalten, damit wir immer unser Vertrauen auf ihn setzen.

»Sondern erlöse uns von dem Bösen«: Es ist Gottes Absicht, uns von jeder Manifestation des Bösen zu erlösen – von Krankheit, Furcht und einem zweifelnden Geist. Er hat seinen Sohn gesandt, damit er am Kreuz stirbt und dies möglich macht. Und er möchte durch glaubensvolles Gebet den Sieg von Golgatha in jede Notlage unseres Lebens bringen.

Gute Gaben

Bittet, so wird euch gegeben; suchet, so werdet ihr finden; klopfet an, so wird euch aufgetan. Denn <u>wer da bittet, der empfängt; und wer da sucht, der findet; und wer da anklopft, dem wird aufgetan</u> (Mt. 7,7f.).

So wird euch ... So werdet ihr ... So wird euch ...
Das ist die nachdrückliche Verheißung Jesu.
»Denn jeder, der bittet, empfängt« (nach Wilckens). JEDER – das schließt DICH ein.

Jeder, der von Herzen bittet im Glauben an die Verheißung, die Gott durch seinen Sohn gibt. Und wenn du bittest, dann denke daran, was für einen Vater du im Himmel hast:

Wer ist unter euch Menschen, der seinem Sohn, wenn er ihn bittet um Brot, einen Stein biete? oder, wenn er ihn bittet um einen Fisch, eine Schlange biete? Wenn nun ihr, die ihr doch böse seid, dennoch euren Kindern gute Gaben geben könnt, <u>wieviel mehr wird euer Vater im Himmel Gutes geben denen, die ihn bitten!</u> (Mt. 7,9–11).

Das macht deinem Vater Freude: dir Gutes geben. Er sandte seinen Sohn, um dich von allem zu erlösen, was schlecht ist, damit er dir in seiner väterlichen Liebe den Überfluß an Leben, Wohlergehen und Heilung geben kann, den er für dich im Sinn hat.

Ein Dieb kommt nur, um zu stehlen, zu schlachten und umzubringen. Ich bin gekommen, damit sie das Leben und volle Genüge haben sollen (Joh. 10,10).

Der Satan ist ›der Dieb‹, er macht sich auf, um von dir zu stehlen. Er will deine Freude wegnehmen und dein Leben mit Angst und Sorge füllen. Er will die Liebe zu anderen aus deinem Leben nehmen und dich mit Furcht, Mißtrauen und sogar Haß füllen. Er will deinen Glauben an Gott zerstören und dich mit Unglauben füllen. Er widmet sich der Zerstörung deiner körperlichen, geistigen und seelischen Gesundheit. Er will deinen Frieden stören und deinen Körper mit Krankheit und Schmerzen plagen.

Aber Gott will nicht, daß du dich vor irgendeinem dieser Werke des Satans beugst und dich ihnen auslieferst. Wenn er die Gelegenheit dazu bekommt, wird der Feind deinen Glauben zerstören und deinen Körper töten. Seine höchste Freude wäre es, dich geistlich zu töten, so daß du das ewige Leben mit deinem Vater nicht genießen kannst, das dir als seinem Kind gehört.

Sieg

Aber Jesus kam, um das Leben zu bringen – nicht den Tod, um den Sieg zu bringen – nicht die Niederlage, um Heilung zu bringen – nicht Krankheit, und um dir Gutes zu tun und nichts Schlechtes. Es ist der Wille und Vorsatz seines Vaters, »Gutes« zu »geben denen, die ihn bitten«.

Er sandte seinen Sohn, damit er am Kreuz stirbt, um die Niederwerfung des Satans und all seiner Werke ein für allemal und gänzlich zu vollstrecken. Der Sieg ist schon da und wartet auf dich, daß du ihn durch den Glauben annimmst.

Du brauchst nicht zu fragen, ob Gott irgend etwas dieser schlechten Dinge in deinem Leben haben will. Unvollkommene menschliche Väter wissen ihren Kindern gute Gaben zu geben. Wieviel mehr wird dein Vater, der die vollkommene Liebe und vollkommene Güte ist, in deinem Leben Gutes tun und dich von jeder Manifestation des Bösen befreien wollen! Es hat ihn das Leben seines geliebten Sohnes gekostet, das möglich zu machen. Und er will nicht, daß dieser Preis verschwendet wird.

Er will auch nicht, daß du an irgend etwas Geringeres glaubst als an Gottes vollkommene Unversehrtheit für dich – Gesundheit für Leib, Seele und Geist. Er will jedes Bedürfnis stillen, welcher Art auch immer.

Mein Lieber, ich wünsche, daß es dir in allen Dingen gut gehe und du gesund seist, so wie es deiner Seele gut geht (3. Joh. 2).

Dein Glaubenswort:
»Euer Vater weiß, was ihr bedürft, bevor ihr ihn bittet.«

Kapitel 22
Der heilende Herr

Jesus ist keiner, der etwas predigt und dann das Gegenteil tut. Im vorangegangenen Kapitel betrachteten wir einige der Worte, die er während der Bergpredigt sagte.

»*Euer Vater weiß, was ihr bedürft, bevor ihr ihn bittet.*«
»*Sorgt nicht um euer Leben ...*«
»*Trachtet zuerst nach dem Reich Gottes und nach seiner Gerechtigkeit, so wird euch das alles zufallen.*«
»*Unser tägliches Brot gib uns heute.*«
»*Bittet, so wird euch gegeben.*«
»*Jeder, der bittet, empfängt.*«

Wie verwirklichte Jesus diese Worte in seinem eigenen Dienst? Wir werden den Begebenheiten nachgehen, wie sie im Matthäus-Evangelium im Anschluß an die Bergpredigt aufgezeichnet sind. Kapitel acht beginnt mit der Heilung eines Leprakranken.

Ein Aussätziger

»Herr, wenn du willst, kannst du mich reinigen« (Mt. 8,2), sagt der Aussätzige zu Jesus. Viele Menschen gehen heute mit ähnlicher Schüchternheit an die Heilung heran. Sie bitten darum, geheilt zu werden, aber fügen »wenn es dein Wille ist« ans Ende ihres Gebets. Das ›wenn‹ muß verschwinden. Jesus antwortete dem Aussätzigen einfach: »Ich will's tun.« Es ist sein Wille, uns überfließendes Leben zu geben, und nicht etwa, uns an lähmenden und bösen Krankheiten sterben zu sehen.

Du kannst nicht das Gebet des Glaubens beten und zu Gott mit Vertrauen und Erwartung aufschauen, solange es in deinem Gebet ein ›wenn‹ gibt. Bitte »in meinem Namen«, sagt Jesus, »als ob ich selbst dieses Gebet spräche, mit meinem Glauben, meiner Erwartung, mit meinem Leben, meiner Kraft und meiner Gegenwart.« Jesus wies niemals jemanden ab, der zu ihm kam. Und er gebrauchte keine ›wenn‹, während er für Menschen um Heilung betete.

Und Jesus streckte die Hand aus, rührte ihn an und sprach: Ich will's tun; sei rein! Und sogleich wurde er von seinem Aussatz rein (Mt. 8,3).

Jesus heilt den Aussätzigen mit einer Berührung und einem Wort der Autorität: »Sei rein«. Hier sehen wir, wie der Sohn die Worte spricht, die sein Vater ihm eingibt, und die Werke tut, die er seinen Vater tun sieht – liebend, fürsorgend, heilend, wiederherstellend. Er begegnete dem Aussätzigen in seiner Notsituation. Jesus hielt ihm keine Predigt. Er heilte ihn!

Du brauchst nicht daran zu zweifeln, daß Gott, dein liebevoller Vater, sich danach sehnt, dich zu heilen. Entweder mußt du sagen: »Gott will, daß ich diese Krankheit habe«, oder du mußt glauben: »Gott will nicht, daß ich diese Krankheit habe«. Wenn du glaubst, er will, daß du sie hast, dann hast du kein Recht, zu einem Arzt zu gehen, zu versuchen, die Schmerzen zu verringern, oder gar darüber zu beten. Irgend etwas dergleichen zu tun hieße, gegen das anzugehen, was du als Gottes Willen für dich bezeichnest.

Das erscheint eindeutig lächerlich! Er ist sicherlich kein liebender Vater, der seinen Kindern »gute Gaben geben« will, wenn du glaubst, seine beste Absicht für dich sei Krankheit und Schmerz.

Was ist dann die Alternative? Er will heilen! In diesem Fall hast du jedes Recht, zu beten, im Glauben an seine Verheißung zu bitten und die guten Dienste des ärztlichen Berufes in Anspruch zu nehmen. Du hast das Recht, zu glauben, daß Gott nicht nur die Schmerzen lindern, sondern die Krankheit beseitigen wird – ob sie nun körperlicher, geistiger oder emotionaler Art ist –, und daß er dir die Heilung gibt, die du suchst, in der Art und Weise, die er wählt.

Der Hauptmann

Als Jesus nach Kapernaum hineinging, kam ein römischer Hauptmann auf ihn zu, der sagte: »Herr, mein Knecht liegt zu Hause und ist gelähmt und leidet große Qualen« (Mt. 8,6). Sagte Jesus etwa darauf: »Gut, laß ihn allein; es ist der Wille meines Vaters, daß er krank ist und so schrecklich leidet«? Natürlich nicht! Jesus sagte: »Ich will kommen und ihn gesund machen« (V. 7).

Beide, der Aussätzige und der Hauptmann, KAMEN zu Jesus mit ihrer Not. In den Evangelien wird deutlich gemacht, daß Jesus sich der Nöte ALLER annahm, die zu ihm KAMEN. Er ging nicht zu jedem Kranken in jeder Stadt und in jedem Dorf, in das er kam, um sie zu heilen.

Gelegentlich ergriff Jesus die Initiative, wie zum Beispiel bei dem Mann am Teich von Bethesda. Aber die allgemeine Regel ist, daß er alle, die kamen oder gebracht wurden, heilte.

Wenn du Heilung brauchst, ist es an dir, zu Jesus zu ›kommen‹, anstatt die Hände in den Schoß zu legen und darauf zu warten, daß er zu dir kommt. Es ist an dir, mit Glauben zu ihm zu kommen, zu glauben, »daß du empfangen hast«, und dir seiner Verheißung an dich sicher zu sein: »So wird's dir zuteil werden«.

Der Hauptmann kam wegen seines Knechtes. Dann bietet Jesus an, zu kommen und den Mann zu heilen. Das ist die Art und Weise des Herrn: »ZUERST kommst du zu mir, und dann werde ich zu dir kommen.«

Der römische Soldat überrascht Jesus, indem er sagt:

Herr, ich bin nicht wert, daß du unter mein Dach gehst, sondern sprich nur ein Wort, so wird mein Knecht gesund. Denn auch ich bin ein Mensch, der Obrigkeit untertan, und habe Soldaten unter mir; und wenn ich zu einem sage: Geh hin!, so geht er; und zu einem anderen: Komm her!, so kommt er; und zu meinem Knecht: Tu das!, so tut er's. Als das Jesus hörte, wunderte er sich ... (Mt. 8,8–10).

Oft staunten Menschen über das, was Jesus sagte. Hier staunt Jesus über die Worte des Hauptmanns. »Wahrlich, ich sage euch: Solchen GLAUBEN habe ich in Israel bei keinem gefunden!« (V. 10).

Dieser Heide, dieser römische Soldat der Besatzungsmacht kommt zu ihm und nennt ihn ›Herr‹. Und nachdem Jesus ihm anbietet, zu kommen und seinen Knecht zu heilen, sagt der Mann: »Das ist nicht nötig. Du brauchst nur die Anweisung zu geben, und es wird geschehen. Ich weiß das, weil ich Befehlen zu gehorchen habe und selbst befehle. Und wenn ich einen Befehl gebe, erwarte ich sofortigen Gehorsam.«

Jesus sagt, daß Worte und Haltung des Hauptmanns mehr GLAUBEN bewiesen, als er in Israel gefunden hatte – sogar unter seinen eigenen Jüngern! Was ist an dem Hauptmann so bemerkenswert? Er verstand die Autorität Jesu.

Jesus ist der Sohn Gottes. Nichts ist für ihn unmöglich. Er braucht nur das Wort zu sprechen, den Befehl auszuteilen, und es geschieht. Wenn Jesus spricht, spricht der allmächtige Gott. Wenn Jesus handelt, ist sein himmlischer Vater bei der Arbeit.

Verstehst du die Autorität und Macht des einen, den du ›Herr‹ nennst? Wenn ja, dann weißt du, daß er nur sein Wort zu deinem Herzen sprechen muß, und du wirst geheilt sein. Der Heilige Geist braucht dir nur die Worte Jesu zu erklären, und die Verheißung wird erfüllt werden.

Glaube, wie Jesus ihn versteht, heißt glauben, »daß du es empfangen hast«. Und er sah diese Art des Glaubens in dem römischen Soldaten. Jesus verknüpft diesen Glauben direkt mit der folgenden Heilung. Er spricht das Wort der Autorität. Er gibt seinen Befehl. »Geh hin; dir geschehe, *wie du geglaubt hast«* (Mt. 8,13). Bitte mit Glauben – und es WIRD geschehen.

Petri Schwiegermutter

Als nächstes kam Jesus »in das Haus des Petrus und sah, daß dessen Schwiegermutter zu Bett lag und hatte das Fieber. Da ergriff er ihre Hand, und das Fieber verließ sie. Und sie stand auf und diente ihm« (Mt. 8,14f.). Was für ein besseres Motiv könnte es dafür geben, von Jesus Heilung zu bekommen, als aufzustehen und dem Herrn zu dienen?

Jesus heilte den Knecht des Hauptmanns mit einem Wort, Petri Schwiegermutter mit einer Berührung und den Aussätzigen mit einem Wort und einer Berührung.

Berührung kann so wichtig sein im Dienst an denen, die Heilung brauchen. Es kann für einen Kranken ein großer Trost sein, wenn jemand bei ihm sitzt und seine Hand hält, auch wenn nichts gesprochen wird. Der körperliche Kontakt kann Liebe und Teilnahme übermitteln.

Das Auflegen der Hände

Wenn wir anderen »im Namen Jesu« dienen, ist es, als ob der Herr selbst den körperlichen Kontakt herstellen würde. Wenn wir einander die Hände auflegen, gebraucht er ein Paar gewöhnlicher Menschenhände – aber es kann seine Berührung sein, wenn wir daran glauben. Deshalb sollten wir viel mehr erwarten als nur menschliche Liebe und Anteilnahme, die sich in einem bewußten Auflegen der Hände im Namen Jesu ausdrücken. Wir können nichts Geringeres erwarten, als daß die heilende Kraft des Herrn dem übermittelt wird, der den Dienst erhält.

Diesen Glauben und diese Erwartung sollten idealerweise beide haben – der Patient und die, die ihm dienen. Alle Beteiligten sollten sich vor solch einem Dienst angemessen vorbereiten. Jesus heilt die, die zu ihm ›kommen‹. Deshalb sollte, wenn möglich, der Heilung-Suchende ermutigt werden, zu kommen und sein Leben neu und von ganzem Herzen an Gott auszuliefern (siehe Kapitel 8). Und die, die den Dienst an ihm tun, sollten in ähnlicher Weise vorbereitet sein.

Handauflegen ohne Ergebnis ist weder eine Ehre für den Herrn noch hilfreich für den Kranken. Wann immer ein Mensch kommt, und sich selbst HINGIBT, erwidert der Herr das, indem er sich selbst HINGIBT. Wenn Menschen nur daran interessiert sind, etwas von ihm zu bekommen, dann kann das Ergebnis enttäuschend sein. Wenn sie ohne Glauben kommen, ist es nicht voraussagbar.

Deshalb ist es während der Vorbereitungszeit vor persönlichem Dienst gut für den Patienten und für die, die mit ihm beten, wenn sie die Verheißungen, die Gott in seinem Wort über erhörliches Gebet und Heilung gibt, in sich ›aufnehmen‹ (siehe Kapitel 11).

Nicht immer augenblicklich

Wir beten gemäß den Verheißungen Jesu. Er verspricht *nicht* sofortige Antworten auf alle unsere Gebete. Er sagt: »Es wird dir geschehen.« »Es wird dir gegeben werden.« »Es wird dir zuteil werden.« *Es wird geschehen.*

Manchmal wird es unverzügliche Heilung geben. Bei anderen Gelegenheiten wird man beim Patienten augenblicklich einen Grad an Besserung wahrnehmen. Bei einigen wird es im Augenblick keine erkennbare Verbesserung des Zustandes geben. Dann ist es so einfach, deinen Zweifeln zu glauben, statt den Verheißungen Jesu. »Nichts ist passiert.« »Es hat nicht gewirkt.« »Gott will mich nicht heilen.«

»Glaube, daß du es empfangen hast, und es wird dir zuteil werden«, sagt Jesus. Glaube weiter, bis du die Verheißung erfüllt siehst. Gib nicht auf! Oder du wirst in Versuchung geraten, deinen Zweifeln zu glauben. Sei nicht besorgt, wenn du nichts erlebt oder gefühlt hast.

Warum wurde fast jeder, der zu Jesus kam, sofort geheilt, und doch ist das bei heutigen Heilungsgottesdiensten augenscheinlich nicht der Fall?

Bei Heilungsgottesdiensten übermittelt Jesus seine heilende Kraft, aber unvollkommene Kanäle mit unvollkommenem Glauben üben weniger als die ganze Autorität Jesu aus. Offensichtlich gibt es einige, die kommen und auf den Menschen schauen, der dient, und nicht auf den Herrn – das kann zu Enttäuschung führen. Es wird andere geben, die das beste hoffen, aber nicht glauben, daß sie bekommen haben, worum sie baten. Andere wollen nur bekommen und dem Herrn nichts geben, ihnen geht es nicht zuerst um das Reich Gottes.

Es kann viel Unwägbares geben. Aber die Verheißungen Jesu sind klar: Wenn wir glauben (so, wie er es lehrt), dann wird uns gegeben werden, *was immer* wir bitten. Auf seine Weise und zu seiner Zeit.

Es kann viel Kummer hervorrufen, wenn Leuten beigebracht wird, daß die Heilung auf der Stelle geschehen muß, oder sie wird nie geschehen. Das ist keine Aussage des Glaubens. Das heißt, daß wir unseren Erfahrungen (oder dem Mangel daran) glauben, statt den Verheißungen Jesu.

Wenn du zum Herrn kommst, entweder im Gebet oder im Gebet mit Handauflegung, dann kannst du kommen und glauben, daß er heilen wird, und nach dem Gebet glauben, daß er es getan hat. Und du mußt diesen Glauben beibehalten, bis die Heilung offensichtlich ist, anstatt enttäuscht zu sein, weil Gott nicht *so* gehandelt hat, wie du wolltest und *wann* du wolltest.

»Es wird geschehen«, verspricht Jesus.

Lobe den Herrn für die ›Raketen-Antworten‹! Lobe ihn für die ›Schildkröten‹ und lobe ihn für den Glauben an die Verheißungen!

Dein Glaubenswort:
»Geh hin; dir geschehe, wie du geglaubt hast.«

Kapitel 23
Das heilende Kreuz

Am Abend aber brachten sie viele Besessene zu ihm; und er trieb die Geister aus durch sein Wort und <u>machte alle Kranken gesund</u> (Mt. 8,16).

Das ist eine der vielen Aussagen, die sich durch die ganzen Evangeliumsberichte ziehen und uns die Auswirkungen von Jesu Verheißung, »jeder, der bittet, empfängt«, zeigen. Er trieb die bösen Geister mit einem Wort der Autorität aus und heilte alle Kranken, die zu ihm gebracht wurden.

Der folgende Vers ist von allergrößter Bedeutung für das Verständnis dafür, warum die Heilung im Dienst Jesu so eine wichtige Rolle spielte, warum er alle heilte, die zu ihm kamen oder gebracht wurden, und warum er auch heute noch heilen wird, wenn wir zu ihm kommen.

Damit erfüllt würde, was gesagt ist durch den Propheten Jesaja, der da spricht:
»<u>Er hat unsre Schwachheit auf sich genommen, und unsre Krankheit hat er getragen</u>« (Mt. 8,17).

Um das Heilen Jesu zu verstehen, müssen wir zum Kreuz zurückkommen. In dieser bemerkenswerten Prophetie über die Kreuzigung in Jesaja 53 lesen wir:

Fürwahr, er trug unsere Krankheit
und lud auf sich unsre Schmerzen.
Wir aber hielten ihn für den, der geplagt
und von Gott geschlagen und gemartert wäre.
Aber er ist um unsrer Missetat willen verwundet
und um unsrer Sünde willen zerschlagen.
Die Strafe liegt auf ihm,
auf daß wir Frieden hätten,
und durch seine Wunden sind wir geheilt (Jes. 53,4f.).

Diese Worte wurden Hunderte von Jahren vor dem Kreuz geschrieben. Wir betrachten sie Hunderte von Jahren nach der Kreuzigung. Als sie zum erstenmal gesprochen wurden, schauten sie nach vorne, auf das, was geschehen würde. Wenn wir sie lesen, schauen wir auf das zurück, was schon stattgefunden hat.

Kummer und Leid

Jesus hat unseren Kummer und unser Leid getragen. Er hat sie ans Kreuz getragen und mitgekreuzigt, damit alle, die zu ihm kommen, davon befreit werden können.

Viele Leute halten an ihrem Kummer und Gram fest, besonders wenn ein enger Verwandter gestorben ist. Es ist natürlich, bekümmert zu sein. Aber Gram ist negativ und sogar selbstzerstörerisch. Er ist in Wirklichkeit eine Form des Selbstmitleids. Als Christen glauben wir, daß Gottes Kinder zur Zeit ihres körperlichen Todes dazu befreit werden, seine ewige Herrlichkeit zu genießen. Die Auferstehung ist ein Grund zur Freude, nicht zur Trauer. Selbstverständlich ist es natürlich, daß die, die diese Person geliebt haben, den Verlust tief empfinden. Gott will jedoch nicht, daß dieser Verlust den Rest ihres Lebens umwölkt und sie durch Selbstmitleid zerstört.

Auf einer Versammlung in Neuseeland hatte ich darüber gesprochen, daß Gott uns mit dem Blut vom Kreuz für sich erkauft hat. Alles, was wir sind und haben, gehört ihm.

In der Versammlung war eine Frau, deren kleiner Enkelsohn sechs Wochen zuvor auf tragische Weise ums Leben gekommen war. Dieser Junge war ihr »Augapfel«. Sie liebte ihn zärtlich und empfand deshalb den Verlust sehr schmerzlich. Sie war Christin, wußte aber jetzt nicht mehr, was sie glauben sollte. Gram kann so leicht den Glauben erschüttern.

Als sie an jenem Tag zuhörte, kam ihr zum Bewußtsein, daß sie den Jungen festgehalten hatte in dem Glauben, er gehöre ihr. Sie wußte, sie mußte ihn an Gott abgeben und anerkennen, daß er sein Kind war. Beim persönlichen Dienst kam sie dann nach vorn und brachte ihren Kummer zum Kreuz.

Am Tag darauf gab sie ein kurzes, aber tief bewegendes Zeugnis. Sie sagte, daß sie vorher den Namen des Jungen nicht hatte erwähnen können, ohne in Tränen auszubrechen. Doch jetzt, während sie sprach, strahlte sie. Sie wußte, daß der Junge beim Herrn war, aber noch mehr – Jesus hatte ihren Kummer ans Kreuz getragen und hatte sie von neuem mit der Freude seines Geistes erfüllt.

Das ist unser Gott, der Gott der Liebe, der seinen Kindern inmitten ihrer Nöte begegnet.

Krankheit und Schmerzen

Jesus trug unsre Krankheit und lud auf sich unsre Schmerzen. Die hier verwendeten hebräischen Wörter können mit ›Kummer‹ und ›Leid‹ oder mit ›Krankheit‹ und ›Schmerzen‹ übersetzt werden. Kummer und Leid sind seelische Qualen, Krankheit und Schmerzen sind körperliche Leiden. Wahr ist, daß Jesus beides, seelisches und körperliches Leiden des Menschen, auf sich genommen hat, damit sie durch das Kreuz von beidem geheilt werden können. Viele Leute betrachten das Kreuz als einen Sieg der Feinde Jesu. Sie denken an den erbärmlichen Augenblick des gekreuzigten Gottessohnes: »Wir aber hielten ihn für den, der geplagt und von Gott geschlagen und gemartert wäre.« Es ist keine Frage, daß sein Vater ihn absichtlich ans Kreuz führte, weil er dazu bereit war, mit seinem kostbaren Leben den Preis für unsere volle Heilung, Ganzheit und Erlösung zu bezahlen – die Heilung, die er beabsichtigt für unseren Körper, unseren Verstand, unseren Geist, unsere Seele, unsere Gefühlswelt, unsere Beziehungen, unsere Probleme und Nöte.

Jesus wurde »von Gott geschlagen«, damit wir geheilt werden sollten. Diese Heilung ist bereits vollbracht! Matthäus gibt Jesaja 53, Vers 4 so wieder: »Er hat unsre Schwachheit auf sich genommen, und unsre Krankheit hat er getragen.« Als Jesus am Kreuz hing, sagte er: »Es ist vollbracht«, oder »es ist vollendet«. Alles, was zur Heilung des Volkes Gottes nötig ist, ist geschehen. Jede Manifestation des Bösen wurde zerschlagen und der Sieg Jesu den Kindern Gottes zugänglich gemacht. Die Auferstehung Jesu ist das Zeichen dieses Sieges. Sogar der Tod ist besiegt worden.

Unsere Sünde

Er ist um unsrer Missetat willen verwundet und um unsrer Sünde willen zerschlagen. Die Einsicht, daß wegen des vollbrachten Werkes der Kreuzigung die Sünden der Menschen vergeben werden, ist weiter verbreitet als das Verständnis für Heilung durch das Kreuz. Wenn wir in Gemeinschaft mit unserem himmlischen Vater kommen, dann geschieht es durch das Kreuz. Wir kommen zum Herrn, bekennen unsere Sünde und wissen, daß er treu und gerecht ist, uns zu vergeben.

Wegen des Opfers Jesu wartet Gottes Vergebung auf die, die zu ihm kommen. Wenn sich ein Sünder Gott zuwendet, muß Jesus nicht noch einmal sterben, damit er angenommen werden und Vergebung bekommen kann. Seine Erlösung ist bereits vollbracht und wartet auf diesen Akt der Umkehr oder Reue.

So ist es auch mit unserem ganzen Bedürfnis nach Heilung, die ein Teil der Erlösung ist, die Gott für uns bereithält. Wir kommen zum Kreuz, zu dem Ort, wo unser Kummer und Leid, unsere Krankheit und unsere Schmerzen, wie auch unsere Sünden, von Jesus besiegt wurden.

Wer Vergebung verkündigt, ohne Heilung zu predigen, verkündigt nur einen Teil des Kreuzes, ein unvollständiges Evangelium. Es gäbe viel mehr augenscheinliche Heilung im Leben von Gottes Kindern, wenn sie aufgefordert würden, an die Heilung durch das Kreuz genauso bereitwillig zu GLAUBEN, wie sie an die Vergebung glauben. In den meisten christlichen Häusern wird die Vergebung des Herrn von Kindesbeinen an gelehrt – seine Heilung dagegen manchmal überhaupt nicht.

Es gibt einige, die geltend machen, daß die Vergebung für die Gegenwart gilt und die Heilung erst für die Auferstehung, für das Leben nach dem Tod. Das genügt ganz einfach nicht. Wenn die Vergebung des Kreuzes JETZT gilt, dann auch die Heilung von Kummer, Leid, Schmerzen, Krankheit und Schwachheit! Der Rest von Vers 5 ist die genaue Bestätigung dafür.

Heil gemacht werden

Zu unserem Heil lag die Strafe auf ihm,
durch seine Wunden sind wir geheilt (Jes. 53,5).

Durch die Strafe, die Jesus für uns trug, hat er uns HEIL gebracht, hat er uns HEIL GEMACHT. ›Heil‹ sein bedeutet, in jeder Hinsicht vollständig sein und vollkommen gemacht werden, als ganze Menschen: Heilung für Leib, Seele und Geist, Heilung von Furcht, Ängsten und

Zweifeln; Heilung für Beziehungen und Ehen, Heilung von inneren Haltungen und von Problemen. Heilung von allem. Es ist eine Heilung, die bereits vollbracht ist und auf die wartet, die zu Jesus kommen, sich ihm übergeben und ihm glauben.

Denn »durch seine Wunden SIND WIR GEHEILT«. Es heißt nicht: »werden wir nach dem Tode geheilt sein«. »WIR SIND GEHEILT.« Gott gibt der Welt seinen Sohn, um die Welt, ja sogar die Nationen zu heilen.

Während dieses Lebens auf der Erde werden wir uns diese Fülle des Lebens, die uns gehört, nur teilweise aneignen können. Deshalb brauchen wir den körperlichen Tod nicht zu fürchten. Für den Christen stellt er eine Befreiung zur völligen Heilung Jesu dar.

Im folgenden Diagramm stellt das Oval das Leben eines Gotteskindes dar und die durchgehende Linie die ideale Zeit des körperlichen Todes. Gottes vollkommenes Ziel für uns ist es, *jetzt* die Ganzheit von Leib, Seele und Geist zu offenbaren, die durch das Kreuz Christi zugänglich ist.

In keinem von uns jedoch offenbart sich das Leben Jesu vollkommen. Der körperliche Tod trifft nämlich vorher ein, dargestellt von der durchbrochenen Linie. Offensichtlich will der Herr, daß die tatsächliche Zeit des Todes der idealen Zeit so nahe wie möglich kommt, damit sich von der Ganzheit, die er für uns anstrebt, so viel wie mög-

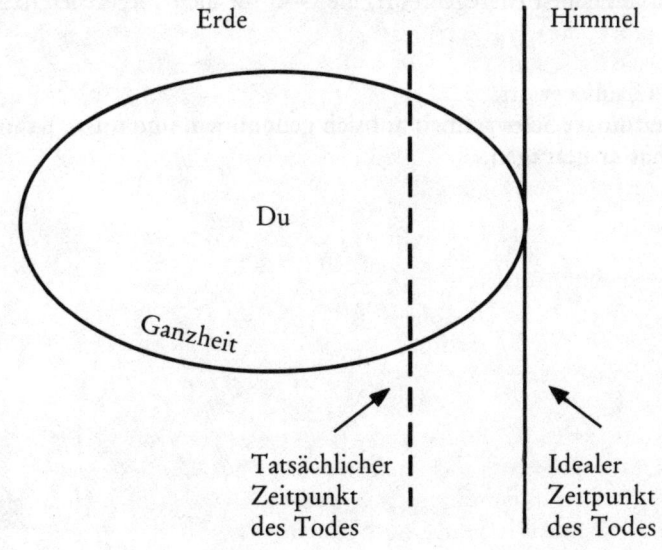

lich während dieses Erdenlebens manifestiert. Deshalb ist es richtig, wenn wir mit unserem Bedürfnis nach Heilung zum Herrn kommen und glauben, daß er uns an Leib, Seele und Geist wiederherstellt.

Für den Christen ist der physische Tod das Eingangstor zur Auferstehung, zu dem Leben in Fülle, das das Erbe ist, das ihm als Kind Gottes gehört. Der Tod entläßt ihn in die völlige Heilung Jesu, die er sich in diesem Leben nur teilweise aneignen konnte.

Der Christ hat also von beiden Welten das Beste! Er weiß, daß Gott am Kreuz alles getan hat, was für seine Ganzheit und für sein Heil nötig ist, und will, daß er sich jetzt diese Heilung soweit wie möglich aneignet. Aber der Tod ist kein Scheitern und keine Niederlage, sondern eher das Mittel, wodurch er das empfängt, was er auf Erden noch nicht voll in seinen Besitz bekommen hat.

Das ist aber keine Ausrede für Gleichgültigkeit. Diese Ganzheit steht uns jetzt zur Verfügung, weil das Kreuz eine vollendete Tatsache ist, und »durch seine Wunden *sind wir geheilt*«.

Gott liebt dich und möchte, daß du ihn verherrlichst, indem du sein Leben, seine Heilung, seine Ganzheit so voll wie möglich an dir erkennen läßt. Er möchte, daß du verstehst, daß Jesus unsre Schwachheit auf sich genommen und unsre Krankheit getragen hat. Deshalb kannst du mit Glauben für all die Dinge in deinem Leben beten, für die du Heilung brauchst – in dem Wissen, daß der Geist dich der Vollkommenheit entgegenführt, die Gott für dich vorgesehen hat.

Dein Glaubenswort:
»Er hat unsre Schwachheit auf sich genommen, und unsre Krankheit hat er getragen.«

Kapitel 24
Frei werden

Von Angst

»Und siehe, da erhob sich ein gewaltiger Sturm auf dem See«, als Jesus mit seinen Jüngern hinüberfuhr (Mt. 8,24). In ihrer Angst und Bestürzung wecken sie Jesus:

Herr, hilf, wir kommen um! Da sagt er zu ihnen: Ihr Kleingläubigen, warum seid ihr so furchtsam? (Mt. 8,25f.).

Glaube – so wie Jesus diesen Begriff gebraucht – ist nicht nur das, was du glaubst, wenn du betest. Es ist eine Haltung gegenüber deinem ganzen Leben mit all den Problemen und Schwierigkeiten, die sich erheben. Wir alle wissen, daß es eine Menge davon geben wird. Jesus verspricht nicht, daß wir keine Probleme haben werden. Er verheißt vielmehr, daß wir sehen werden, wie Gott sie für uns überwindet, wenn wir mit Glauben beten.

Glaube verringert die Größe des Berges. Je größer Gott in unserem Herzen wird, desto kleiner wird der Berg erscheinen.

Die Furcht der Jünger wäre verständlich gewesen, wenn Jesus nicht mit ihnen gewesen wäre. Die gleiche Gegenwart, die mit ihnen war, ist IN UNS, die wir mit dem Heiligen Geist erfüllt sind. Deshalb könnte Jesus mit Recht zu uns sagen: »Ihr Kleingläubigen, warum seid ihr so furchtsam?«

Es ist so leicht, den Ängsten nachzugeben, der Situation zu glauben und für einen Augenblick den Herrn zu vergessen – seine Gegenwart und seine Verheißungsworte zu vergessen. Wenn wir uns daran erinnern, daß er mit uns ist, bitten wir ihn, unseren fehlenden Glauben zu vergeben. Er vergibt, und wir können beginnen, mit neuem Vertrauen dem Berg entgegenzutreten.

Das Dumme dabei ist, daß einige der Schwierigkeiten plötzlich und unerwartet auftreten, wie dieser große Sturm. Bevor du weißt, wie dir geschieht, sind sie über dir. Die Stürme sind es, die jedem von uns klar zeigen, wie fest (oder schwach) unser Leben auf Jesus gegründet ist, wie groß (oder klein) unser Glaube an ihn und unser Vertrauen auf ihn sind. Sie zeigen uns, ob wir unseren Gefühlen vor seinem Wort glauben oder seinem Wort über unseren Gefühlen von Angst, Verzweiflung, Niederlage und Versagen.

Gott erlaubt den Stürmen, das Fundament unseres Lebens zu festigen und uns im Glauben aufzubauen – nicht, uns zu zerstören. Er will, daß wir glauben, er handelt inmitten der Stürme, wie es die Jünger glaubten. Auch wenn unser Gebet ein Gebet der Verzweiflung ist: »Herr, hilf, wir kommen um!«, wird er uns hören. Es ist ein Schrei, der aus dem Herzen kommt – und Gott erhört die Gebete aus den Herzen seiner Kinder. »Und stand auf und bedrohte den Wind und das Meer. Da wurde es ganz stille« (Mt. 8,26).

Manchmal wirst du meinen, du hättest die Prüfung nicht bestanden, wenn dein Glaube getestet wird. Tröste dich damit, daß Jesus oft von seinen Jüngern als »Kleingläubigen« sprach und sie doch gebrauchte, um Wunder zu vollbringen, und sie nach seiner Himmelfahrt zu Säulen seiner Kirche machte.

Bei anderen Gelegenheiten wirst du dich über die Auswirkung deines Glaubens freuen. Denke daran, Gott vergibt das Versagen und verdient das Lob für die Erfolge. Jenen Glauben bewirkt der Heilige Geist in dir. Und es stehen dir noch weitere Prüfungen bevor, bei denen dein Glaube wieder gestärkt werden kann, denn du mußt Jesus dann noch vollkommener vertrauen.

Von Gebundenheit

Danach folgt die Heilung von zwei Besessenen. Mit einem einfachen Wort der Autorität: »Geht«, befiehlt Jesus den Dämonen, zu weichen.

Da fuhren sie aus und fuhren in die Säue: Und siehe, die ganze Herde stürmte den Abhang hinunter in den See, und sie ersoffen im Wasser (Mt. 8,32).

Das zeigt die zerstörerische Kraft dieser bösen Mächte, die manche Leute quälen. Es zeigt auch Gottes Absicht, sie zu befreien. Das ist ein weiterer Aspekt des vollkommenen Sieges, den Jesus über die Mächte des Feindes gewonnen hat – des Sieges, der uns durch das Kreuz zur Verfügung steht.

Es kann ein furchteinflößender Anblick sein, die Allmacht Gottes am Werk zu sehen: »Und als sie ihn sahen, baten sie ihn, daß er ihr

Gebiet verlasse« (V. 34). Aber wie tragisch, daß Furcht heute so viele davon abhält, den Sieg Jesu denen zu vermitteln, die gebunden sind und Befreiung brauchen. Preise den Herrn für sein vollständiges und vollkommenes Werk des Kreuzes und für jede Bekundung seiner siegreichen und befreienden Macht!

Von Sünde und Krankheit

Kapitel neun des Matthäus-Evangeliums beginnt mit dem Bericht über den Gelähmten, der, auf einem Bett liegend, zu Jesus gebracht wird.

Als nun Jesus ihren Glauben sah, sprach er zu dem Gelähmten: Sei getrost, mein Sohn, deine Sünden sind dir vergeben (V. 2).

Der Glaube ist nur dann vollständig, wenn er sich in positiver Handlung ausdrückt. Das kann bedeuten, daß du das Gebet des Glaubens betest, Gott glaubst und treu auf die Erfüllung der Verheißung wartest. Es kann auch heißen, daß du aus diesem Anlaß einen geistlichen Dienst in Anspruch nimmst, wenn du glaubst, du wirst von Jesus die Antwort bekommen. Es kann auch irgendeine Handlung sein, die Gott von dir verlangt als sichtbares Zeichen des Glaubens, der dahintersteckt.

Es war für Jesus offensichtlich: jene Männer glaubten, wenn sie den Gelähmten brächten, würde er geheilt werden. Gott erhört solchen Glauben. Diese Männer ›wußten‹, daß ihr Freund geheilt werden würde, und Jesus spürte das. Sie kamen nicht mit Hoffnung, sondern mit Glauben.

Jesus sagt dem Mann, daß seine Sünden vergeben sind. Das ist der entscheidendste und weitreichendste Heilungsakt in unserem Leben, der uns in die Gemeinschaft mit dem Vater wiedereinsetzt. Das unterstreicht, wie wichtig es ist, daß wir zu Jesus kommen und uns in der Heilung unserer Not rückhaltlos ihm hingeben.

Damit ihr aber wißt, daß der Menschensohn Vollmacht hat, auf Erden die Sünden zu vergeben – sprach er zu dem Gelähmten: Steh auf, hebe dein Bett auf und geh heim! (Mt. 9,6).

Die Zuschauer zogen die Autorität Jesu in Zweifel. Deshalb spricht Jesus noch einmal und heilt den Mann von seiner Lähmung. Das zweite Wort der Autorität ist der Beweis für die Echtheit des ersten. Es ist ein Aspekt der Heilung durch das Kreuz, gefolgt von einem zweiten – nicht Vergebung oder Heilung, sondern Vergebung UND Heilung.

Als das Volk das sah, fürchtete es sich und pries Gott, der solche Macht den Menschen gegeben hat (Mt. 9,8).

Und diese Autorität sollte Jesus seinen Nachfolgern geben.

Jesus beantwortet Glauben

In Matthäus 9, Vers 18 *kommt* ein Vorsteher zu Jesus und sagt:

Meine Tochter ist eben gestorben, aber komm und lege deine Hand auf sie, so wird sie lebendig.

Das ist eine Aussage des Glaubens. Es ist ein wunderbares Beispiel dafür, was Jesus über das Bitten lehrt: »glaubt, daß ihr es empfangen habt, so wird's euch zuteil werden.« Das Kind ist tot, aber der Vorsteher hat den Glauben, wenn Jesus auf den Plan tritt, gibt es keinen Zweifel über das Resultat: »so wird sie lebendig«!

Jesus beantwortet den Glauben, der ihm geschenkt wird. Der Hauptmann glaubte, daß Jesus noch nicht einmal sein Haus betreten müsse. Er müßte nur ein Wort der Autorität sprechen, und sein Knecht würde geheilt werden. Er sprach also dieses Wort, »und sein Knecht wurde gesund zu derselben Stunde« (Mt. 8,13).

Der Vorsteher hat eine andere Erwartung: »Komm und lege deine Hand auf sie, so wird sie lebendig.« Das ist der Glaube, der Jesus dargebracht wird, und das ist auch der Glaube, den er erhört. »Und Jesus stand auf und folgte ihm mit seinen Jüngern« (Mt. 9, 19).

Um es primitiv auszudrücken: Du bekommst, was du erwartest! Das ist auch für uns heute noch wahr. Wenn wir nur ein wenig erwarten, haben wir kein Recht, enttäuscht zu sein, wenn wir nur ein wenig bekommen. Wir zielen mit unserem Gebet oft nicht hoch genug, was ein Anzeichen dafür ist, daß wir nicht ›hoch genug‹ glauben.

Jesus war zum Haus des Vorstehers unterwegs, »und siehe, eine Frau, die seit zwölf Jahren den Blutfluß hatte, trat von hinten an ihn heran und berührte den Saum seines Gewandes. Denn sie sprach bei sich selbst: Könnte ich nur sein Gewand berühren, so würde ich gesund« (Mt. 9,20f.).

Das war die Erwartung der Frau. Das war der Glaube, den sie dem Herrn schenkte. Da war kein ›vielleicht‹ dabei. »SO WÜRDE ICH GESUND.«

Der Hauptmann glaubte, daß ein Wort der Autorität von Jesus seinen Glauben beantworten würde.

Der Vorsteher erwartete, daß sein Glaube durch eine Berührung der Hand Jesu erhört würde.

Diese Frau erwartete, ihr Glaube würde durch das Berühren von Jesu Gewand beantwortet.

Jesus geht auf alle drei Methoden ein. Warum das? Weil er nicht an der Methode interessiert ist, sondern daran, den Glauben eines jeden zu belohnen.

Das ist auch Gottes Weise, dir zu begegnen. Er wird das tun, was du glaubst – immer.

Jesus wendet sich zu der Frau um und sagt: »Sei getrost, meine Tochter, dein Glaube hat dir geholfen. Und die Frau wurde gesund zu derselben Stunde« (Mt. 9,22).

»Dein Glaube hat dir geholfen.« Das ist die Kraft des Glaubens. Wir sollen aber nicht an unseren Glauben glauben! Unser Vertrauen soll Jesus gehören. Die Frau glaubte weder an sich selbst noch an ihren eigenen Glauben, sondern *an Jesus* und daß er sie heilen würde. Er sagt zu ihr: »Dein Glaube an mich, daß ich dich heile, hat dir geholfen.«

Als Jesus in das Haus des Vorstehers kam, schickte er die Klagefrauen weg, dann »ging er hinein und ergriff sie bei der Hand. Da stand das Mädchen auf« (V. 25). Jesus erhörte den Glauben des Vorstehers. Er kam, er berührte sie mit seiner Hand, und sie lebte.

Du kannst unmöglich den Glauben jener Leute haben, die zu Jesus kamen, wenn du nicht wirklich glaubst, daß Gott dich heilen will oder die Person, für die du betest. Wenn du irgendwie an Gottes Willen zum Heilen zweifelst, kannst du das Gebet des Glaubens nicht beten. Deshalb ist es so wichtig, die Heilung in Beziehung zu all dem zu sehen, was Jesus am Kreuz bereits vollbracht hat.

Scheue dich nicht, deine Not zu Jesus zu bringen. Dein Gebet kann ein Schrei aus dem Herzen sein, ein Schrei der Verzweiflung. Er wird dich hören und erhören.

Dein Kommen kann auch mit mehr Überlegung geschehen wie das

des Hauptmanns, des Vorstehers oder der Frau. Jesus wird deinen Glauben belohnen und dir geben, was du glaubst.

Er *will*, daß du kommst. Er *will*, daß du bittest. Er *will* dich erhören. Er *will* geben.

Dein Glaubenswort:
»Sei getrost, mein Sohn, deine Sünden sind dir vergeben.« »Sei getrost, meine Tochter, dein Glaube hat dir geholfen.«

Kapitel 25
Glaubst du?

Und als Jesus von dort weiterging, folgten ihm zwei Blinde, die schrien: Ach, du Sohn Davids, erbarme dich unser! (Mt. 9,27).

Die richtige Art und Weise, sich Jesus zu nähern, ist die Bitte: »Erbarme dich über mich«. Vor jedem Wort der Heilung müssen wir sein Wort der Vergebung hören.

Wir können niemals so zu Jesus kommen, als ob es unser verdientes Recht wäre, geheilt zu werden. Sicher, wir kommen als die neutestamentlichen Kinder und kennen die Liebe und Treue unseres Vaters. Freilich kommen wir in dem Wissen, daß jede Verheißung Jesu erfüllt werden wird, wenn wir ihm glauben. Aber das heißt immer noch nicht, daß wir Heilung oder Vergebung *verdienen*. Wir verdienen es nicht, überhaupt irgend etwas von Gott zu erhalten.

Nur aus seiner überschwenglichen Barmherzigkeit heraus sehnt er sich danach, seine Kinder zu beschenken.

Ich bekomme regelmäßig Briefe von Menschen, die mich bitten, für ihre christlichen Freunde oder Verwandten zu beten. Viele dieser Briefe zählen die liebenswerten Eigenschaften der kranken Person auf und spielen auf die scheinbare Ungerechtigkeit an, daß sie überhaupt krank ist, obwohl sie doch ein so guter Mensch sei. Man nimmt an, daß der Herr so liebenswerte und heilige Kinder bestimmt heilen will.

Es ist sicherlich wahr, daß Gott seine Kinder heilen will. Aber seine Heilung ist keine Belohnung für unsere Güte, unsere Liebe oder unsere Heiligkeit. Sie kommt aus seinem liebevollen und großzügigen Herzen und wird denen geschenkt, die *nichts verdienen.* Wir sind Kinder Gottes, aber wir sündigen immer noch. Wir sind immer noch ungehorsam. Immer noch betrüben wir unseren himmlischen Vater. Wir brauchen immer noch seine Gnade und seine Vergebung. Wann immer wir für uns selbst oder für andere nach Heilung trachten, dann geschieht es also durch das Kreuz.

Die zwei blinden Männer kamen zu Jesus, und er stellte ihnen eine Testfrage: »Glaubt ihr, daß ich das tun kann?« (Mt. 9,28).

GLAUBT ihr? Jesus stellt keine theoretische oder akademische Frage.

Er fragt nicht, »Glaubt ihr, daß es in meiner Macht steht, euch eines Tages zu heilen?« Er meint damit nicht: »Glaubt ihr, daß ich solche Dinge tun kann?«

Er fragt: »Glaubt ihr mir, DASS ICH ES TUE?«

Die blinden Männer geben eine einfache Antwort aus dem Glauben heraus: »Ja, Herr.«

Ist es wirklich so einfach? Ja — wenn du die Art von Glauben hast, von der Jesus spricht.

Testfragen

Als ich vor einigen Jahren begann, die Heilung Jesu denen weiterzugeben, die kamen, lernte ich es, einfache Testfragen zu stellen, um den Glauben der Betreffenden herauszulocken. Ich sagte vielleicht beiläufig: »Es wird geschehen, nicht wahr?« Oder: »Jesus wird dich heilen, nicht wahr?«

Gewöhnlich kam als Antwort eine einfache Aussage des Glaubens: »Ja« oder »Ich glaube, daß er es tut.« Die Antwort war immer von Ruhe und stiller Gewißheit getragen — von einem ›Wissen‹. Die Zeit der Vorbereitung (zum Kreuz kommen und die Verheißungen ›aufnehmen‹) war wichtig, um die Menschen an diesen Punkt einfacher Erwartung zu bringen.

Manchmal kam jedoch statt einer einfachen Glaubensaussage eine eindrucksvolle Pause, gefolgt von Antworten wie: »Na ja, ich hoffe es!«

Hoffnung ist nicht dasselbe wie Glaube. In solchen Fällen ist es nötig, dieser Person vor der Heilung Glauben mitzuteilen. Es hat keinen Sinn, sich ins Gebet zu stürzen und »das Beste zu hoffen«. Es ist besser, diesen Menschen zu ermutigen, seinen Zweifeln ehrlich ins Gesicht zu sehen und sie zum Kreuz zu bringen. Es ist besser, ihn auf die Verheißungen des Herrn und auf seine Treue hinzuweisen. Manche Leute werden allmählich geheilt und bekommen mehrere Male einen geistlichen Dienst, weil Gott ständig in ihnen Glauben und Erwartung aufbauen muß.

Manche Leute antworteten auf die Testfrage mit einem Wortschwall: »Oh, ich glaube, daß er es tut. Er tut es wirklich. Er hat mir so viel Gewißheit gegeben. Ich habe solchen Glauben, daß er es tun wird ...« Je länger sie so fortfahren, desto offensichtlicher wird es, daß sie nicht wirklich glauben, Gott werde sie heilen. Sie versuchen in sich selbst Glauben anzufachen. Wenn sie so geglaubt hätten, wie sie erklärten, wäre die Heilung schon längst geschehen.

Das sind gewöhnlich die schwierigsten Situationen, weil derjenige meint, er glaubt, während er es offensichtlich nicht tut. Auch hier hat es keinen Sinn, zum Händeauflegen zu eilen. Zuerst muß wirklicher Glaube vermittelt werden.

Nach eurem Glauben

Die zwei blinden Männer haben dieses einfache, ruhige ›Wissen‹, daß es geschehen wird. Und Jesus »berührte ihre Augen und sprach: Euch geschehe nach eurem Glauben!« (Mt. 9,29).

Nach eurem GLAUBEN ... Er fährt fort, auf verschiedene Weise das gleiche zu sagen!

Zu dem römischen Hauptmann sagt Jesus: »Geh hin; dir geschehe, WIE DU GEGLAUBT HAST« (Mt. 8,13).

Zu der blutflüssigen Frau sagt Jesus: »Sei getrost, meine Tochter, dein Glaube hat dir geholfen« (Mt. 9,22).

Zu den zwei blinden Männern sagt Jesus: »Euch geschehe nach eurem Glauben« (Mt. 9,29).

Zu der kanaanäischen Frau sagt Jesus: »Frau, dein Glaube ist groß. Dir geschehe, wie du willst!« (Mt. 15,28).

Zum blinden Bartimäus sagt Jesus: »Geh hin, dein Glaube hat dir geholfen« (Mk. 10, 52).

Zu dem Aussätzigen, der zurückkam, um zu danken, sagt Jesus: »Steh auf, geh hin; dein Glaube hat dir geholfen« (Lk. 17,19).

Autorität

Nach der Episode mit den zwei blinden Männern wurde ein stummer Besessener zu ihm *gebracht*. Als der Dämon ausgetrieben war, sprach der Stumme. »Und das Volk verwunderte sich und sprach: So etwas ist noch nie in Israel gesehen worden« (Mt. 9,32f.).

Wenn es sich um dämonische Besessenheit handelte, lockte Jesus keinen Glauben aus der Person. Er gebrauchte seinen eigenen Glauben und seine Autorität, um mit der Sache fertig zu werden.

»Aber die Pharisäer sprachen: Er treibt die bösen Geister aus durch ihren Obersten« (V. 34). Natürlich – wenn du nicht glauben willst, dann wirst du auch nicht glauben. Als Rechtfertigung für den Unglauben wird jede Ausrede recht sein.

Alle Krankheiten

Und Jesus ging ringsum in alle Städte und Dörfer, lehrte in ihren Synagogen und predigte das Evangelium von dem Reich und heilte alle Krankheiten und alle Gebrechen (Mt. 9,35).

»ALLE Krankheiten und ALLE Gebrechen«, weil er *all* unsre Gebrechen auf sich lud und *all* unsre Krankheit trug. Dennoch trennt Jesus die Heilung nicht von seinem Predigen über das Reich Gottes. »Trachtet zuerst nach dem Reich Gottes und nach seiner Gerechtigkeit, so wird euch das alles zufallen« (Mt. 6,33).

Wenn es unsere Sorge ist, in unserem Leben zuerst nach dem Reich seines Vaters zu trachten und in rechter Beziehung zu ihm zu stehen, dann – so verheißt Jesus – *werden* unsere Bedürfnisse gestillt. Wir werden uns um nichts zu sorgen brauchen.

Jesus übertrug seinen Jüngern nicht nur seinen Auftrag, das Evangelium zu predigen, sondern auch die gleiche Autorität und Macht.

Und er rief seine zwölf Jünger zu sich und gab ihnen Macht über die unreinen Geister, daß sie sie austrieben und heilten alle Krankheiten und alle Gebrechen (Mt. 10,1).

»ALLE Krankheiten und ALLE Gebrechen!« Die Autorität dieses Auftrags an seine Nachfolger galt nicht nur für die Zeit des Dienstes Jesu, sondern breitete sich aus durch die apostolische Kirche und die Jahrhunderte des Christentums bis zum heutigen Tag. Sie setzt sich auch in die Zukunft fort, bis Jesus nach seiner Verheißung wiederkommt und dann die Heilung Gottes im Leben seiner Kinder vollendet sein wird.

Es geschahen aber viele Zeichen und Wunder im Volk durch die Hände der Apostel; ... so daß sie die Kranken sogar auf die Straßen hinaustrugen und sie auf Betten und Bahren legten, damit, wenn Petrus käme, wenigstens sein Schatten auf einige von ihnen fiele. Es kamen auch viele aus den Städten rings um Jerusalem und brachten Kranke und solche, die von unreinen Geistern geplagt waren; und alle wurden gesund (Apg. 5,12+15f.).

Das waren Tage des erwartungsvollen Glaubens. Und wo auch immer heute unter Gottes Volk dieser gleiche erwartungsvolle Glaube wiederauftaucht, kann man die heilende Kraft Gottes wieder am Werk sehen. Was wir gegenwärtig vom Wirken der erneuernden Kraft Gottes in seiner Kirche miterleben, ist nur ein Anfang, verglichen mit dem, was wir brauchen, und mit dem, was Gott, unser Vater, für uns will.

Deine Heilung

Jesus stellt dir die gleiche Frage, die er den zwei blinden Männern stellte: »Glaubst du, daß ich das tun kann?« Antworte ihm ehrlich. Wo du dir über einen Zweifel bewußt bist, sprich offen mit Gott darüber. Bitte den Heiligen Geist, die Gebets- und Heilungs-Verheißungen des Herrn deinem Herzen zu bezeugen. Wenn du *weißt*, daß er dich heilen will, dann bete das Gebet des Glaubens und halte die Verheißungen deines Vaters fest, bis deine Erhörung eingetroffen ist.

Dein Glaubenswort:
»Glaubst du, daß ich das tun kann?«

Kapitel 26
Die Botschaft des Glaubens

Paulus fragt: »Habt ihr durch das Tun des Gesetzes den Geist empfangen oder durch die Botschaft des Glaubens?« (Gal. 3,2; Wilckens-Übersetzung). »Durch die Botschaft des Glaubens«, natürlich!

»Der euch den Geist gibt und Wunder wirkt unter euch – tut er es, weil ihr das Gesetz getan oder weil ihr euch auf die Botschaft des Glaubens eingelassen habt?« (Gal. 3,5; Wilckens-Übersetzung). Natürlich deshalb, weil sie die Botschaft des Glaubens angenommen hatten.

Es ergibt keinen Sinn, wenn man sagt, daß nur zur Zeit der Apostel der Heilige Geist mit Macht auf die Kirche ausgegossen wurde, und daß Wunder nur in diesen Zeitabschnitt der Kirchengeschichte gehören. Paulus macht es klar, daß beides aus der Annahme der »Botschaft des Glaubens« resultierte. Die Abwesenheit der Kraft des Geistes oder der mächtigen Werke Gottes überall in der Kirche ist kein Anzeichen dafür, daß Gott seinen Geist und seine Werke zurückhält, sondern dafür, daß man sich nicht mehr auf die Botschaft des Glaubens einläßt.

Mit dem Kommen Jesu Christi und dem Aufrichten des Neuen Bundes begann das Zeitalter des Geistes und des Glaubens. *Durch den Glauben* empfingen die Galater das Erbe Abrahams und Anteil an den alttestamentlichen Verheißungen. *Durch den Glauben* an Jesus Christus hatten sie die kostbare Gabe des Heiligen Geistes empfangen. *Durch den Glauben* sahen sie Gott unter ihnen Wunder wirken.

Und doch ruft Paulus aus: »O ihr unverständigen Galater! Wer hat euch bezaubert?« (Gal. 3,1). Denn obwohl sie die Freiheit des Heiligen Geistes und das Wirken seiner großen Kraft unter ihnen erlebt hatten, waren sie schon wieder dabei, zu ihren althergebrachten religiösen Verhaltensformen zurückzukehren. Paulus wußte, daß es keine gefährlichere Abweichung von der Wahrheit des Evangeliums geben konnte. Sobald das Wirken Jesu Christi durch die Kraft seines Geistes durch christliche Gesetzlichkeit eingeschränkt wird, schwindet der Glaube augenblicklich, und all das, was Gott seinen Kindern geben will, tritt immer weniger in Erscheinung.

Christliches ›Gesetz‹

Viele Kirchgänger sind mit einer sehr gesetzlichen Auffassung vom Christentum aufgewachsen. Traditionen werden über das Wort Gottes erhoben und erzeugen die Haltung: »Nur keine Veränderung im Leben der Kirche!« Die Zukunft ist an das gebunden, »was wir früher getan haben«. Was das Leben und die Belange der Gemeinde betrifft, wird der Verstand über das Warten auf den Geist und seine Leitung erhoben. Es wird wichtiger, die richtige Lehre zu haben als das richtige Leben. Die Bibel wird als Gottes Gesetzbuch behandelt.

Viele Gemeinden etablieren sich in einem routinemäßigen Lebensstil, in dem man das System fortsetzt, Woche für Woche, Monat für Monat, Jahr für Jahr – gerade so, wie Israel jahrhundertelang seine Festzeiten einhielt und die Werke des Gesetzes tat.

Wo ist der lebenssprühende Glaube des Neuen Bundes? Wo werden die Verheißungen Gottes unter seinen Leuten erfüllt? Wo hat der Heilige Geist seinen rechtmäßigen Rang der Leiterschaft in der Kirche?

Der Geist ist der mächtige Wind Gottes, der frei durch das Leben seiner Kirche und durch das Leben seiner Kinder wehen muß. Der Geist ist der eine, der den Glauben erwecken wird. Und doch läßt man den Verstand so oft das Wirken des Geistes ersticken. Das geschieht, wenn Menschen an ihren althergebrachten, gesetzlichen Einstellungen festhalten und von ihrem parteilichen Verhalten und Gruppenbewußtsein eine höhere Meinung haben als vom Wort Gottes.

Entweder erlaubt man dem Geist, den Verstand zu durchdringen, oder der Verstand wird den Geist ersticken.

Eine neue Haltung

Jesus lehrte seine Jünger, nicht mit einer verstandesmäßigen Beurteilung der Situation an Probleme heranzugehen, sondern mit einer geistlichen Haltung. Die Frage ist also nicht, »Was können wir hier tun?«, sondern: »Was kann Gott tun?« Die Speisung der Fünftausend ist ein gutes Beispiel.

Eine große Volksmenge war Jesus nachgezogen, »weil sie die Zeichen sahen, die er an den Kranken tat« (Joh. 6,2). Er stellt Philippus eine Testfrage:

Wo kaufen wir Brot, damit diese zu essen haben? Das sagte er aber, um ihn zu prüfen; denn er wußte wohl, was er tun wollte (Joh. 6,5f.).

Jesus fängt auf Philippus' Ebene an. Er weiß, daß der Jünger eher mit seinem Verstand als mit den Augen des Glaubens an die Situation herangehen wird. Es ist sein Glaube, der geprüft wird! »Philippus antwortete ihm: Für zweihundert Silbergroschen Brot ist nicht genug für sie, daß jeder ein wenig bekomme« (V. 7).

Das ist die Antwort des Verstandes – eine gute, vernünftige und logische Einschätzung der Situation. Andreas' Haltung ist ähnlich: »Spricht zu ihm einer seiner Jünger, Andreas, der Bruder des Simon Petrus: Es ist ein Kind hier, das hat fünf Gerstenbrote und zwei Fische; aber was ist das für so viele?« (V. 8f.).

Stimmt. Aber keine der Aussagen zieht in Betracht, daß Jesus zur Hand ist!

Jesus aber nahm die Brote, dankte und gab sie denen, die sich gelagert hatten; desgleichen auch von den Fischen, soviel sie wollten (V. 11).

Er ist der, der eine karge, unbedeutende Gabe vermehren kann, so daß sie nicht nur die *Bedürfnisse* der Menschen stillt, sondern alles, was sie *wollen*, erfüllt. Er wies seine Jünger an, alle übriggebliebenen Brocken aufzusammeln, und sie füllten zwei Körbe – einen für jeden von ihnen. Kein Zweifel, diese Lektion saß! Zuerst waren sie von der gewaltigen Aufgabe überfordert, als sie sie mit ihrem Verstand anpackten – jetzt weiden sie sich am Überfluß dessen, was Jesus durch den Geist beschafft hat.

Jedes Problem ist ein geistliches Problem

Jesus sah jede Situation aus einem geistlichen Gesichtswinkel. Wir schränken Gottes Wirken oft ein, weil wir das Problem mit unserem Verstand betrachten, anstatt »mit Glauben zu hören«, was unser Vater durch die Verheißungen seines Wortes vollbringen kann.

Wenn dein Christenleben von deinem rationalen Denkvermögen abhängt, dann wirst du Gott auf das Niveau deines Verstandes begrenzen. Du machst ihn kleiner als dich selbst. In Wirklichkeit ist er unendlich größer, und seine Macht geht weit über deine Intelligenz hinaus, über alles, was dein Verstand irgendwie erfassen kann.

Du wirst es lernen müssen, jede Situation nicht mit der Begrenzung deines Verstandes anzugehen, sondern mit dem Blick für die Möglichkeiten des Geistes. Oft wird der Verstand eine negative und pessimistische Haltung begünstigen. »Diese Lage ist hoffnungslos. So viele Menschen mit Nahrung zu versorgen! Eine Riesensumme Geld wäre nötig – wenn wir es nur hätten! Alles, was wir haben, ist der Proviant eines kleinen Jungen. Was nützt das für all diese Leute?«

Der Geist wird den Glauben anspornen und das Vertrauen darauf, daß Gott das Problem in eine Gelegenheit verwandeln wird, um das Wirken seiner Hand zu beweisen und unter seinem Volk seine Herrlichkeit zu offenbaren. Der Geist wird dir Gottes Wort klarmachen.

Und wenn man das Problem noch so sehr rationalisiert – daraus wird kein Wunder und keine Gebetserhörung hervorgehen.

Wie soll dann die Beziehung zwischen Verstand und Geist aussehen? Der Verstand muß dem Geist unterworfen sein, denn der Geist wird deinen Verstand ausdehnen und dein Denkvermögen so erweitern, daß es die ›Unmöglichkeiten‹ Gottes einschließt.

Der Konflikt

Paulus spricht von dem Konflikt zwischen dem Geist und dem ›Fleisch‹. Wir sind in den Tod Jesu getauft worden. Er hat uns mit ans Kreuz genommen und wir sind dort mit ihm gekreuzigt worden, damit wir nicht länger als die Menschen leben, die wir einmal waren – in der Meinung, unser Leben gehöre uns, von Angst und Sünde gebunden, voller Zweifel und Unglauben und ohne Gottes Liebe zu uns zu kennen und die Verheißungen, die er in unserem Leben erfüllen will.

Wir wissen ja, daß unser alter Mensch mit ihm gekreuzigt ist, damit der Leib der Sünde vernichtet werde, so daß wir hinfort der Sünde nicht dienen (Röm. 6,6).

Der ›alte Mensch‹, das ›Fleisch‹, die Person, die du warst, bevor du Jesus Christus persönlich begegnet bist, ist tot und begraben. Du bist jetzt ein neues Wesen, ein Kind Gottes. Du mußt nicht mehr ›der Sünde dienen‹, weil jetzt Jesus in dir lebt. Er ist die Mitte deines neuen Seins, deines neuen Lebens.

Der Apostel gibt drei klare Anweisungen, die die Menschen befähigen sollen, frei in der Kraft des Geistes zu leben, zu glauben und die Verheißungen Gottes in ihrem Leben verwirklicht zu sehen.

Erste Anweisung: »Haltet euch für gestorben«

So auch ihr, haltet dafür, daß ihr der Sünde gestorben seid und lebt Gott in Christus Jesus (Röm. 6,11).

So SOLLT ihr euch als Menschen begreifen, die für das alte Leben unter der Herrschaft der Sünde TOT sind, aber FÜR GOTT LEBEN IN CHRISTUS JESUS. Du lebst in Jesus, weil dich der Vater in ihn eingepflanzt hat – in seinen geliebten Sohn, in den Weinstock. Du bist ein Kind Gottes, das ihm nicht mehr durch die Sünde entfremdet ist, sondern gerufen, angenommen und durch das Blut des Kreuzes reingewaschen. Du bist ein Kind des Neuen Bundes und alle Verheißungen Gottes sind dein Erbe.

So laßt nun die Sünde nicht herrschen in eurem sterblichen Leibe, und leistet seinen Begierden keinen Gehorsam. Auch gebt nicht der Sünde eure Glieder hin als Waffen der Ungerechtigkeit, sondern <u>gebt euch selbst Gott hin,</u> als solche, die tot waren und nun lebendig sind, und eure Glieder Gott als Waffen der Gerechtigkeit (Röm. 6,12f.).

Zweite Anweisung: »Gebt euch Gott hin«

Es genügt nicht, daß du an irgendeinem Punkt in der Vergangenheit anerkannt hast, daß dein Leben Gott gehört. Du mußt als ein Mensch leben, dessen Leben Gott ›hingegeben‹ ist. Das bedeutet:
  Du willst seinen Willen vor deinem eigenen.
  Du willst ihn in jeder Lebenslage verherrlichen.
  Du lebst, um dich ihm in Lobpreis und Anbetung hinzugeben und im liebevollen Dienst für andere.
  Du lebst dafür, wie er zu sein – eine ›gebende‹ Person.
  In dem Maße, wie du dich fortwährend Gott hingibst, wirst du das empfangen können, was er dir so gerne geben möchte. Paulus warnt: »Wißt ihr nicht: wem ihr euch zu Knechten macht, um ihm zu gehorchen, dessen Knechte seid ihr und müßt ihm gehorsam sein, es sei der Sünde zum Tode oder dem Gehorsam zur Gerechtigkeit?« (Röm. 6,16).

Gehorche deshalb nicht deinen eigenen selbstsüchtigen Wünschen und sündhaften Leidenschaften. Gehorche nicht deinen Zweifeln, deinen Ängsten und Gefühlen der Unzulänglichkeit. Gehorche dem Geist, denn er spricht dir Glauben zu.

Gott sei aber gedankt, daß ihr Knechte der Sünde gewesen seid, aber nun gehorsam geworden von Herzen dem Vorbilde der Lehre, welchem ihr ergeben seid (V. 17; Scofield-Bibel).

Verringere Gottes Größe nicht, indem du sagst: »Er kann nur das tun, was ich von seinem Handeln schon erfahren habe.« Er möchte deine Erfahrung erheben zu dem »Vorbilde der Lehre, welchem ihr ergeben seid«, zu der Lehre seines Wortes durch den Heiligen Geist, damit du Glauben bekommst.

»Gehorsam von Herzen« – denn unter den Bedingungen des Neuen Bundes hast du jetzt ein ›neues Herz‹, auf dem das Gesetz Gottes geschrieben steht. Du hast einen neuen Geist, in dem Gottes Geist lebt, der dich dazu bringt, im Gehorsam gegen ihn zu leben.

Dritte Anweisung: »Sei geistlich gesinnt«

Denn die da fleischlich sind, die sind fleischlich gesinnt; die aber geistlich sind, die sind geistlich gesinnt. Aber fleischlich gesinnt sein ist der Tod, und geistlich gesinnt sein ist Leben und Friede. Denn fleischlich gesinnt sein ist Feindschaft gegen Gott, weil das Fleisch dem Gesetz Gottes nicht untertan ist; denn es vermag's auch nicht. Die aber fleischlich sind, können Gott nicht gefallen (Röm. 8,5–8).

Obwohl der Geist Jesu in dir lebt, wird es viele Versuchungen geben, zu einem ›fleischlichen‹ Leben zurückzukehren, in dem du dich selbst an die erste Stelle setzt, deinen Ängsten, Zweifeln und Versager-Gefühlen glaubst und deinen Problemen gegenüber eine negative Haltung einnimmst. Aber Paulus erinnert dich daran:

Ihr aber seid nicht fleischlich, sondern geistlich, wenn denn Gottes Geist in euch wohnt (Röm. 8,9).

Wenn du geistlich gesinnt bist, dann wird deine ganze Einstellung zum Leben positiver werden, weil du lernen wirst, jede Situation mit den Augen Jesu zu sehen in dem Wissen, daß dein Vater bereit ist, dir zu geben. Der Heilige Geist wird dein Denkvermögen so erweitern, daß es auch das Unmögliche umfassen kann!

Denn welche der Geist Gottes treibt, die sind Gottes Kinder. Denn ihr habt nicht einen knechtischen Geist empfangen, daß ihr euch abermals fürchten müßtet; sondern ihr habt einen kindlichen Geist empfangen, durch den wir rufen: Abba, lieber Vater! Der Geist selbst gibt Zeugnis unserm Geist, daß wir Gottes Kinder sind. Sind wir aber Kinder, so sind wir auch Erben, nämlich Gottes Erben und Miterben Christi, wenn wir denn mit ihm leiden, damit wir auch mit zur Herrlichkeit erhoben werden (Röm. 8,14–17).

Der Leitung des Geistes zu folgen heißt, als neutestamentliches Kind Gottes zu leben. In jeder Situation kannst du ›Vater‹ rufen und wissen, daß er dich hört. Er sorgt sich um dich, er liebt dich und er wird dir antworten.

Wenn du ›fleischlich‹ gesinnt bist, dann wendest du deine Augen vom Vater ab, von der Quelle des Lebens und der Liebe, von dem einzigen, der deinen Nöten begegnen kann.

Gott will nicht, daß du ein ›kopfloser‹ Christ bist mit einer gedankenlosen Einstellung zu deinem Glauben an ihn. Vielmehr möchte er deinen Verstand mit seinen Gedanken füllen und sich darüber freuen, daß du ihm deinen Intellekt ausgeliefert hast, damit er zu einem geheiligten Intellekt wird, der immer mehr die Wege deines himmlischen Vaters versteht.

Dein Glaubenswort:
»So bist du nun nicht mehr Knecht, sondern Kind; wenn aber Kind, dann auch Erbe durch Gott« (Gal. 4,7).

Kapitel 27
Im Geben empfängst du

»Mit welchem Maß ihr meßt, wird euch zugemessen werden«, sagt Jesus (Mt. 7,2). Das gilt für deinen Umgang mit Gott, und es gilt auch für deine Beziehungen mit anderen Menschen. »Alles nun, was ihr wollt, daß euch die Leute tun sollen, das tut ihnen auch!« (Mt. 7,12).

Jesus veranschaulichte ein Leben des Gebens. Er kam, um den großen Wunsch seines Vaters kundzutun – den Wunsch, aus seiner überschwenglichen Liebe zu seiner Schöpfung heraus zu geben:

Denn also hat Gott die Welt geliebt, daß er seinen eingeborenen Sohn gab, damit alle, die an ihn glauben, nicht verloren werden, sondern das ewige Leben haben (Joh. 3,16).

Jesus hat dich vor dem Vater angenehm gemacht und dich mit dem Heiligen Geist gefüllt. Bevor du dieses kostbare Erbe antreten konntest, mußtest du zum Kreuz kommen und dich selbst dem Herrn GEBEN. Viele Menschen haben nicht die Beziehung zu Gott, die sie sich ersehnen, weil sie sich nicht Gott übergeben haben, um diese Gemeinschaft zu schaffen.

Wenn wir geben, ist es Gottes Gewohnheit, zurückzugeben.

Gebt, so wird euch gegeben. Ein volles, gedrücktes, gerütteltes und überfließendes Maß wird man in euren Schoß geben; denn eben mit dem Maß, mit dem ihr meßt, wird man euch wieder messen (Lk. 6, 38).

Wir geben Gott unser Leben – er gibt uns sein Leben.

Wir geben Gott unsere Sünde und unser Versagen – er gibt uns dafür Vergebung und Frieden.

Wir geben Gott unseren Körper – er gibt uns dafür seinen Heiligen Geist und macht unseren Körper zu seinem Tempel.

Das ist Gottes Gewohnheit. Gib, und er wird dir geben.

Jesus lehrt, daß es wichtig ist, anderen zu geben, wenn du erwartest, von Gott etwas zu bekommen. Zum Beispiel sollst du anderen vergeben, damit du die Vergebung erhalten kannst, die Gott dir geben will. »Vergebt, so wird euch vergeben« (Lk. 6,37). Vergib du den anderen ZUERST, dann wird Gott dir vergeben.

Es macht uns nichts aus, unsere Sünden herzugeben, wenn wir dafür von Gott Vergebung bekommen. Wir haben nichts dagegen, ihm unsere Ängste und Sorgen zu geben, wenn er sie uns abnimmt. Wir haben nichts dagegen, unseren Schmutz loszusein, wenn wir als Folge davon reingemacht werden. Es ist nicht viel dabei, das herzugeben, was wir nicht wollen. Aber es ist etwas ganz anderes, das herzugeben, was uns kostbar und wertvoll ist. Unser Verstand warnt uns sofort davor, etwas wegzugeben, was Wert hat, weil Geben mit sich bringt, daß wir etwas verlieren.

Wir wollen Sünde und Versagen verlieren. Wir wollen auch Angst und Sorge, Krankheit und Schmerz verlieren.

Aber wir wollen weder Geld noch Besitz verlieren. Wir wollen keine Zeit verlieren oder die Herrschaft über unser Leben. Wir wollen unsere Unabhängigkeit nicht verlieren.

Jesus lehrt uns, daß wir nur gewinnen werden, wenn wir verlieren. Das beleidigt unser Denken. Es wäre nicht der Weg, den wir wählen würden. Aber *es ist Gottes Weg*.

Wer sein Leben erhalten will, der wird's verlieren; wer aber sein Leben verliert um meinetwillen, der wird's finden. Was hülfe es dem Menschen, wenn er die ganze Welt gewönne und nähme doch Schaden an seiner Seele? Oder was kann der Mensch geben, womit er seine Seele auslöse? (Mt. 16,25f.).

Das ist Gottes Weg – egal, was wir darüber denken. Er sagt uns dadurch, daß wir nur empfangen werden, indem wir hingeben.

Der Glaube ist wie eine Münze mit zwei Seiten. Auf der einen Seite steht ›glaube‹, auf der anderen ›gib‹. Nimm die beiden zusammen, und der Weg zu wirkungsvollem Gebet steht dir offen. Von Zeit zu Zeit wird Gott deinen Glauben wieder prüfen, indem er verlangt, daß du gibst, bevor du empfängst. Bist du bereit, ihm zu vertrauen, daß er sein Wort erfüllen wird, so daß du am Ende nicht der Verlierer bist, sondern gewonnen hast, weil du das Problem nicht mit deinem Verstand, sondern auf Gottes Weise angepackt hast?

Säen und Ernten

Das Bild vom Sämann und vom Samen wird im Neuen Testament oft gebraucht, um zu lehren, wie wichtig es ist, zuerst zu geben, bevor man erwartet, etwas zu empfangen. Paulus sagt:

Ich meine aber dies: Wer da kärglich sät, der wird auch kärglich ernten; und wer da sät im Segen, der wird auch ernten im Segen (2. Kor. 9,6).

Ein Bauer weiß, daß er erst Samen aussäen muß, bevor es eine Ernte gibt. Er muß der Erde etwas geben, bevor er erwarten kann, von ihr etwas zurückzubekommen. Wenn er nur kärglich sät, wird er nur eine magere Ernte einbringen. Wenn er viel Samen aussät, wird es eine viel bessere Ernte geben.
  Die Qualität des Samens ist auch wichtig. Wenn er Samen von schlechter Qualität sät, bekommt er eine schlechte Ernte. Wenn er das Beste sät, bekommt er eine Ernte von guter Qualität.
  Ein Bauer wird also viel Samen von der besten Qualität aussäen und dann *erwarten*, daß seine Ernte gut wird.
  Gott will, daß jeder von uns ein ›guter Bauer‹ ist. Er will uns beibringen, reichlich zu geben – von unserem Besten. Denn das ist Gottes Vorgehensweise. Er hielt sich selbst daran, als er seinen Sohn sandte. Er gab von seinem Allerbesten. Er gab sich selbst. Er wollte eine reichhaltige Ernte. Er gab den besten Samen. Und Jesus selbst sagte:

Wahrlich, wahrlich, ich sage euch: Wenn das Weizenkorn nicht in die Erde fällt und erstirbt, bleibt es allein; wenn es aber erstirbt, bringt es viel Frucht (Joh. 12,24).

Der Vater gab nicht nur den besten Samen. Dieser Same mußte sterben, um fruchtbar zu werden und die Menschen in Gottes Königreich wiedereinzusetzen.
  Nur indem wir uns selbst ›sterben‹, werden wir fähig, für Gott zu leben und so fruchtbar zu sein, wie er es wünscht. Nur indem wir unser Leben verlieren, gewinnen wir sein Leben und das reichhaltige Erbe, das er für uns als seine Kinder bereithält. Der beste Same ist teuer. Reichlich säen ist kostspielig. Und unser Verstand sagt: »Tu es nicht. Du wirst verlieren!«
  Der Geist drängt uns: »Tu es. Du wirst gewinnen!« Das ist der

Grund dafür, daß so viele Menschen vor ihrer Bekehrung, oder bevor sie das Freisetzen des Heiligen Geistes in ihrem Leben suchen, durch eine Zeit großer Spannung und Unruhe gehen.

Ein jeder (gebe), wie er's sich im Herzen vorgenommen hat, nicht mit Unwillen oder aus Zwang; denn einen fröhlichen Geber hat Gott lieb (2. Kor. 9,7).

Eine reiche Ernte

Du mußt dich entscheiden, ob du Gott vertrauen willst oder deinem eigenen menschlichen Denkvermögen. Gott will auch nicht, daß du ihm widerwillig gibst, sondern aus einem Herzen heraus, das von Liebe zu ihm und zu anderen überfließt. Gott gibt dir nicht widerwillig. Er gibt aus Liebe und Interesse für dich. Er gibt, weil er dich versorgen will.

Gott aber kann machen, daß alle Gnade unter euch reichlich sei, damit ihr in allen Dingen allezeit volle Genüge habt und noch reich seid zu jedem guten Werk (2. Kor. 9,8).

Das ist Gottes Eigenart. Er will DICH REICHLICH versorgen – nicht kärglich, nicht knickrig, sondern REICHLICH.
Dein Verstand wird dir oft einflüstern, daß Gott dir nicht geben will, daß du unwürdig bist. Und wenn er dir gibt, dann wird es nur das Allernotwendigste sein, um deinen größten Nöten abzuhelfen, um dich ›durchzubringen‹. Gott sagt, daß er DIR IN HÜLLE UND FÜLLE geben will, nicht nur gelegentlich hier und da ein kleines bißchen Segen. Sein Wort sagt: »ALLE GNADE – damit IHR in allen Dingen ALLEZEIT volle Genüge habt.«

ALLEZEIT!
IN ALLEN DINGEN VOLLE GENÜGE!

Irgendwie haben wir Christen Armut und Entbehrung einen hohen Rang eingeräumt. Dabei ist unser Gott doch immer der Gott der Liebe, der ÜBERSCHWENGLICHE GEBER ALLER GNADE, so daß wir IMMER von ALLEM genug haben.
Warum beweist sich diese Fülle nicht an uns? Weil das nur

geschieht, wenn wir es lernen, zuerst zu *geben* und Gott wegen der Fülle, die er verheißt, zu *vertrauen*.

Nicht daß Gott etwa Genußsucht unterstützen wollte. Er will uns reich machen »*zu jedem guten Werk*«. Er gibt uns großzügig und reichlich, damit wir anderen großzügig und reichlich geben können.

Gottes Weg

Wie schwierig ist es, Gottes Wege mit dem Verstand zu erfassen! Die Ausschüsse so vieler Kirchen lassen ihren Mangel an Glauben erkennen, indem sie wie jede weltliche Organisation mit ihren Finanzen umgehen. Sie glauben nicht an Gottes Weg, nämlich daß wir zuerst geben, sogar aus unserer Armut heraus, und dann erwarten, daß Gott aus seiner Fülle heraus gibt. Sie halten so wenig von solch einer Idee, daß viele es nie praktiziert haben. Sie haben noch nie aus Glauben gelebt. Es ist unvernünftig. Andere haben es getan und haben die Treue Gottes erlebt.

Der aber Samen gibt dem Sämann und Brot zur Speise, der wird euch Samen geben und ihn mehren und wachsen lassen die Früchte eurer Gerechtigkeit (2. Kor. 9,10).

Glaubst du das? Glauben heißt, daß du diese Worte nicht nur hörst und ihnen zustimmst, sondern daß *du danach handeln wirst*.

Paulus sagt, Gott »wird auch euch Samen geben und ihn mehren«. Aber zuerst muß der Same ausgesät, in den Boden gegeben werden. Jeder Same bringt eine ganze Korn-Ähre hervor, die wieder viele Samen enthält. Es ist Gottes Weg, das Gegebene zu nehmen und zu vervielfältigen – aber nicht für unsere Genußsucht.

So werdet ihr reich sein in allen Dingen, zu geben in aller Einfalt, die durch uns wirkt Danksagung an Gott (V. 11).

Je mehr Gott seinen Kindern bereitstellt, desto mehr haben sie, um anderen zu geben. Und Gott ist bereit, JEDE SEGNUNG IN FÜLLE zu geben.

Er wird seine Liebe geben, damit wir mit Liebe und Dienst für andere überfließen. Er wird seine Kraft geben, damit wir Werkzeuge sein mögen, durch die er seine Kraft anderen mitteilen kann. Er wird uns sogar auf finanziellem Gebiet geben, so daß wir in Hülle und Fülle haben werden, um zu geben.

Je reicher die Ernte, desto mehr Samen gibt es, den wir in die Erde zurücklegen – nämlich Gott geben – können. Und er wird ihn weiter vervielfältigen in noch größerem Überfluß, so daß nicht nur wir, sondern auch alle, die durch uns empfangen, voll Freude und Dank ihm gegenüber sein werden.

Denn der Dienst dieser Sammlung hilft nicht allein dem Mangel der Heiligen ab, sondern wirkt auch überschwenglich darin, daß viele Gott danken (V. 12).

Gott wird dir viele Gelegenheiten schaffen, entweder unmittelbar ihm oder anderen zu geben. Indem du anderen gibst, gibst du ihm.

Es wird Gelegenheiten geben, zu lieben und zu dienen, dich Gott im Lobpreis hinzugeben, mit Glauben für die Nöte anderer zu beten, die Verkündigung des Evangeliums durch Gaben zu unterstützen und anderen Menschen zu geben.

Es wird eine echte Prüfung unseres Glaubens sein, wie wir auf solche Gelegenheiten eingehen – besonders wenn wir wenig Zeit, Fähigkeiten oder Geld in die jeweilige Situation einbringen können. Paulus schreibt den Korinthern über solch eine Situation, in der sie in finanzieller Weise zu geben hatten. In jedem Bereich unseres Christenlebens ist das Prinzip das gleiche – im Geben empfangen wir.

Denn für diesen treuen Dienst preisen sie Gott über eurem Gehorsam im Bekenntnis zum Evangelium Christi und über der Einfalt eurer Gemeinschaft mit ihnen und allen (V. 13).

Als der Engel des Herrn zu Kornelius sprach, sagte er: »Deine Gebete und deine Almosen sind vor Gott gekommen, und er hat ihrer gedacht« (Apg. 10,4). Und welche Ernte gab der Herr dem Kornelius? Er schickte ihm Petrus ins Haus, und der Heilige Geist fiel auf alle, die ihn sprechen hörten, einschließlich Kornelius.

Das soll nicht heißen, daß wir Segen von Gott erkaufen könnten! So wie Kornelius im Beten und Geben treu gewesen war, so war Gott treu und erhörte seine Gebete.

Die geistliche Armut vieler Menschen zeigt sich durch eine ausgeprägte Abgeneigtheit, zu geben:

sich selbst zu geben – »ich will mich nicht engagieren«;

von ihrer Zeit zu geben – »ich bin so beschäftigt«;
von ihren Fähigkeiten – »ich könnte es nicht«;
von ihrem Geld – »das ist alles, was ich aufbringen kann«;
von ihrem Gebet – »ich bekomme anscheinend keine Antwort«;
von ihrer Anbetung – »sie sollte lieber in einer Stunde zu Ende sein«.

Die Menschen wollen empfangen. Ihr Verstand sagt ihnen, daß sie etwas bekommen sollten, daß sie das Recht haben, etwas zu bekommen. Und so oft kommen sie nicht über die Frage hinaus, warum sie nichts bekommen.

Wie der Bauer mußt auch du auf die Ernte warten, wenn du Samen einpflanzt. Die Ernte ist nicht augenblicklich verfügbar. So befinden sich auch viele Probleme in einer Wartezeit. Es ist so leicht, aufzugeben.

Der Bauer ist voller Erwartung. Er schaut ständig nach den Zeichen der kommenden Ernte aus. Sei du genauso voller Erwartung, wenn du im Glauben an die Verheißungen Gottes betest. Gib dem einen, der all deinen Nöten abhelfen wird, in der Weise, wie du glaubst, daß er es von dir möchte. Und dann erwarte die Ernte. Halte weiterhin Ausschau nach den Zeichen dafür, daß die Samen des Gebens, die du gepflanzt hast, für dich von deinem liebevollen Vater vervielfältigt werden.

Dein Glaubenswort:
»Gebt, so wird euch gegeben. Ein volles, gedrücktes, gerütteltes und überfließendes Maß wird man in euren Schoß geben; denn eben mit dem Maß, mit dem ihr meßt, wird man euch wieder messen.«

Kapitel 28
Gutes Land

Der Bauer ist an der Qualität des Bodens genau so sehr interessiert wie am Samen, den er hineinlegt.

Gott gibt uns sein Wort als Samen. Er möchte, daß dieses Wort eine reiche Ernte seiner Segnungen für uns hervorbringt. Die ›Boden‹-Qualität unseres Lebens wird bestimmen, wie fruchtbar dieses Wort ist.

Es ging ein Sämann aus, zu säen seinen Samen. Und indem er säte, fiel einiges auf den Weg und wurde zertreten, und die Vögel unter dem Himmel fraßen's auf (Lk. 8,5).

In der Auslegung des Gleichnisses sagt Jesus:

Die aber auf dem Weg, das sind die, die es hören; danach kommt der Teufel und nimmt das Wort aus ihrem Herzen, damit sie nicht glauben und selig werden (Lk. 8,12).

Der Satan ist der Dieb, der stehlen, zerstören und töten will. Es macht ihm Vergnügen, uns einzureden, dem Wort nicht zu glauben. »Die aber auf dem Weg« sind die, die nicht einmal anfangen zu glauben, daß Gott ihnen geben wird.

Und einiges fiel auf den Fels; und als es aufging, verdorrte es, weil es keine Feuchtigkeit hatte (Lk. 8,6).
Die aber auf dem Fels sind die: wenn sie es hören, nehmen sie das Wort mit Freuden an. Doch sie haben keine Wurzel; eine Zeitlang glauben sie, und zu der Zeit der Anfechtung fallen sie ab (Lk. 8,13).

Ihr Glaube hat keine Tiefe. Zuerst glauben sie, aber wenn die Zeiten hart werden, geben sie leicht auf. Dann glauben sie ihren Zweifeln und Ängsten.

Immer wenn du Gott wegen einer Gebetserhörung vertraust, wird der Versucher deine Zweifel bestärken. Dann wirst du »den Schild des Glaubens« gebrauchen müssen, »mit dem ihr auslöschen könnt alle feurigen Pfeile des Bösen« (Eph. 6,16).

Und einiges fiel mitten unter die Dornen; und die Dornen gingen mit auf und erstickten's (Lk. 8,7).

Was aber unter die Dornen fiel, sind die, die es hören und gehen hin und ersticken unter den Sorgen, dem Reichtum und den Freuden des Lebens und bringen keine Frucht (Lk. 8,14).

Du kannst deine Gebete nicht von deinem übrigen Leben isolieren. Ihre Fruchtbarkeit wird weitgehend von deinem Lebensstil abhängen – ob du lebst, um Gott zu geben, oder ob du immer noch für dich selbst lebst und »unter den Sorgen, dem Reichtum und den Freuden des Lebens« erstickst; ob du nur erhalten möchtest oder ein großzügiger Geber werden willst.

Es ist nicht nur der weltliche Lebensstil, der den Samen ›erstickt‹. Jesus sagt, er wird auch von ›Sorgen‹ erstickt – von Problemen, Aufregungen, Besorgnis und Angst. All das ist das Gegenteil von Glauben.

Und einiges fiel auf gutes Land; und es ging auf und trug hundertfach Frucht (Lk. 8,8).

Das aber auf dem guten Land sind die, die das Wort hören und behalten in einem feinen, guten Herzen und bringen Frucht in Geduld (Lk. 8,15).

Die fruchtbaren Hörer sind die Glaubenden. Sie hören das Wort nicht nur, sondern *behalten es,* egal, wie die Situation aussieht, egal, wie viele Zweifel ihnen zugeschoben werden. Sie halten die Verheißung Gottes fest. Sie glauben ihm.

Ihr Glauben kommt aus dem Herzen, und sie *bringen Frucht in Geduld.* Sie warten auf die Erfüllung der Verheißungen Gottes in dem Wissen, daß er treu sein wird.

Unterschiede

Es gibt einen interessanten Unterschied zwischen der Fassung des Gleichnisses im Lukas-Evangelium und der bei Matthäus und Markus. Bei Matthäus steht:

Bei dem aber auf gutes Land gesät ist, das ist, der das Wort hört und versteht und dann auch Frucht bringt; und der eine trägt hundertfach, der andere sechzigfach, der dritte dreißigfach (Mt. 13,23).

Die Ertragsfähigkeit schwankt bei dem, »der das Wort hört *und versteht*«, und augenscheinlich nimmt sie ab. Bei Markus steht:

Diese aber sind's, bei denen auf gutes Land gesät ist: die hören das Wort und nehmen's an und bringen Frucht, einige dreißigfach und einige sechzigfach und einige hundertfach (Mk. 4,20).

Die Ertragsfähigkeit schwankt bei denen, »die hören das Wort *und nehmen's an*«, und nimmt offensichtlich zu. So wie ihre Aufnahme wächst, so wächst auch der Grad an Fruchtbarkeit in ihrem Leben.

In dem Bericht von Lukas sind die auf dem guten Land die, »die das Wort hören und behalten in einem feinen, guten Herzen und bringen Frucht in Geduld«.

Und der einzige Grad an Produktivität, den Lukas erwähnt, ist »hundertfach«. Diejenigen, die das Wort »behalten«, sind beständig in ihrem Ertrag und bringen den höchsten hervor. Kein Wunder, daß Jesus sagt:

So seht nun darauf, wie ihr zuhört; denn wer da hat, dem wird gegeben; wer aber nicht hat, dem wird auch das genommen, was er meint zu haben (Lk. 8,18).

Gib acht darauf, WIE du hörst. Halte die Verheißungen mit einem ehrlichen und guten Herzen vor Gott und den Menschen fest. Und dann sieh die Ernte des Herrn in deinem Leben.

Nicht ihr habt mich erwählt, sondern ich habe euch erwählt und bestimmt, daß ihr hingeht und Frucht bringt und eure Frucht bleibt, damit, wenn ihr den Vater bittet in meinem Namen, er's euch gebe (Joh. 15,16).

Dein Glaubenswort:
»Das Wort hören und behalten in einem feinen, guten Herzen und Frucht bringen in Geduld.«

Kapitel 29
Das Herz der Sache

Das ›gute Land‹, in das Gott seinen Samen einpflanzt, besteht aus denen, »die das Wort hören und behalten in einem feinen, guten *Herzen* und bringen Frucht in Geduld«. Jesus spricht in seiner Lehre viel über ›das Herz‹, das einen wichtigen Einfluß auf die Fruchtbarkeit unserer Gebete hat. Er sagt:

Denn es gibt keinen guten Baum, der faule Frucht trägt, und keinen faulen Baum, der gute Frucht trägt. Denn jeder Baum wird an seiner eigenen Frucht erkannt (Lk. 6,43f.).

Wenn du gute Frucht bekommen willst, mußt du dich um die Gesundheit des Baumes kümmern. Es hat keinen Sinn, bei einem schlechten Baum die beste Qualität an Frucht zu suchen. Der Baum, sagt Jesus, ist das Herz.

Ein guter Mensch bringt Gutes hervor aus dem guten Schatz seines Herzens; und ein böser bringt Böses hervor aus dem bösen. Denn wes das Herz voll ist, geht der Mund über (V. 45).

Unser Vater möchte, daß wir liebevolle, gehorsame Herzen haben. Jesus fährt fort: »Was nennt ihr mich aber Herr, Herr, und tut nicht, was ich euch sage?« (V. 46).

Liebe bringt Gehorsam mit sich

Und wenn ich ... hätte allen Glauben, so daß ich Berge versetzen könnte, und hätte die Liebe nicht, so wäre ich nichts. Und wenn ich alle meine Habe den Armen gäbe ..., und hätte die Liebe nicht, so wäre mir's nichts nütze (1. Kor. 13,2f.).

Ohne Liebe wird unser Glauben und Geben nichts ausrichten. Paulus stellt uns keine Alternative vor: entweder du liebst, oder du glaubst und gibst. Wir sollen lieben, glauben und geben. Glauben und Geben, das ohne Liebe geschieht, wird ›nichts nützen‹, wird nicht auf Empfangen hinauslaufen.

Jesus sagte: »Liebt ihr mich, so werdet ihr meine Gebote halten« (Joh. 14,15), dann werdet ihr mir gehorsam sein.

Wenn ihr meine Gebote haltet, so bleibt ihr in meiner Liebe, wie ich meines Vaters Gebote halte und bleibe in seiner Liebe (Joh. 15,10).

Jesu Gebete waren eingebettet in eine Beziehung zu seinem Vater, die von liebevollem Gehorsam geprägt war und in das Wissen, daß sein Vater ihn hören und ihm antworten würde. Diese Liebe wurde in der Weise offenbar, in der er sich den Menschen hingab. Johannes schreibt:

Ihr Lieben, laßt uns einander lieb haben; denn die Liebe ist von Gott, und wer liebt, der ist von Gott geboren und kennt Gott. Wer nicht liebt, der kennt Gott nicht; denn Gott ist die Liebe (1. Joh. 4,7f.).

Wenn wir uns untereinander lieben, so bleibt Gott in uns, und seine Liebe ist in uns vollkommen (4,12).

Gott hat durch die Kraft seines Heiligen Geistes seine Quellen der Liebe in uns geschaffen. Es nützt nichts, seine Liebe zu haben, wenn wir nicht zulassen, daß sie in unserem Leben freigesetzt wird, wenn wir sie nicht anderen weitergeben.

Lebendiges Wasser

Aber am letzten Tag des Festes, der der höchste war, trat Jesus auf und rief: Wen da dürstet, der komme zu mir und trinke! Wer an mich glaubt, wie die Schrift sagt, von dessen Leib werden Ströme lebendigen Wassers fließen. Das sagte er aber von dem Geist, den die empfangen sollten, die an ihn glaubten (Joh. 7,37−39).

Gott will, daß aus unserem Herzen − aus den Tiefen in uns − der Strom seiner Liebe fließt, der sich darin ausdrückt, daß wir einander geben.

Gott will, daß der Strom des Lobpreises und der Anbetung aus unseren inneren Tiefen fließt. Das kann ein ruhig fließender Strom sein, es kann auch ein geräuschvoll stürzender Fluß sein. Aber Gott will, daß es ein *voller* Strom ist, der unsere Liebe zu ihm ausdrückt.

Gott will, daß der Strom der Freude aus uns fließt, auch unter den schwierigsten Umständen, weil wir die Liebe, Fürsorge und Treue unseres Vaters kennen.

Gott will, daß der Strom des Friedens aus unserem tiefsten Inneren fließt, damit wir nicht ängstlich und furchtsam werden, sondern ihm vertrauen und in ihm ruhen.

Gott will, daß der Strom der Kraft aus uns fließt, in jede Situation hinein, so daß wir nicht überwunden und besiegt werden, sondern es lernen, seine Mittel und Hilfsquellen zu gebrauchen.

Gott will, daß der Strom des Glaubens aus unserem Herzen fließt und wir ihm glauben, daß er in seiner Liebe großzügig handelt.

Gott will, daß der Strom der Heilung aus den Tiefen unseres Seins fließt und uns an Leib, Seele und Geist heil macht.

Gott will, daß all diese Ströme aus uns fließen, aus uns heraus und um uns herum, so daß andere Menschen beeinflußt werden von:
der Liebe Gottes in uns;
dem Lob Gottes auf unseren Lippen;
der Freude Gottes in unserem Herzen;
dem Frieden Gottes in unserer Seele;
der Kraft Gottes in unserem Gebet;
dem Glauben Gottes in unserer Haltung;
der Heilung Gottes, indem wir vergeben und uns mit seiner Liebe nach anderen Menschen ausstrecken.

Diese »Ströme lebendigen Wassers« sind das Wirken des Geistes in uns. Sie fließen aus dem Herzen. Gott kümmert sich nicht um unsere Lehren über den Heiligen Geist. Er will die Realität dieser »Ströme von Lebenswasser« sehen in unserer Liebe, unserem Lobpreis und unserer Anbetung, unserem freudigen Herzen, unserem Frieden, unserem kraftvollen Beten, unserer glaubensvollen Haltung, unserem ganzen und heilen Leben und in unserem großzügigen Geben. Gott will nicht, daß wir diese Ströme ›besitzen‹. Er will, daß sie beständig aus unserem Inneren fließen. Er will durch unseren Gehorsam gegen ihn und unseren Dienst für andere die Liebe fließen sehen. Er will den Glauben sehen, der uns veranlaßt, die Worte und Verheißungen Gottes zu »behalten in einem feinen, guten Herzen«.

Glaube und Liebe!
Liebe und Glaube!
Selbstsucht kann das Fließen unserer Liebe zu anderen zum Still-

stand bringen. Groll, Bitterkeit, Stolz, Eifersucht – alles hat die gleiche Wirkung. Und wenn ein Strom blockiert wird, kann auch der Fluß der anderen leicht unterbrochen werden. Deshalb sagt Jesus:

Und wenn ihr steht und betet, so vergebt, wenn ihr etwas gegen jemanden habt, damit auch euer Vater im Himmel euch vergebe eure Übertretungen (Mk. 11,25).

Unsere Fähigkeit, mit Glauben zu beten und Gott antworten zu sehen, wird durch gestörte Beziehungen behindert.

Wenn du deine Gabe auf dem Altar opferst und dort kommt dir in den Sinn, daß dein Bruder etwas gegen dich hat, so laß dort vor dem Altar deine Gabe und geh zuerst hin und versöhne dich mit deinem Bruder und dann komm und opfere deine Gabe (Mt. 5,23f.).

Es ist nicht leicht, dich voll Glauben zu fühlen:
wenn du weißt, daß du zu jemandem lieblos bist;
wenn in deinem Herzen wenig Lobpreis ist;
wenn wenig Freude in dir ist;
wenn Unruhe statt Friede in dir ist;
wenn es Zweifel gibt statt Vertrauen auf Gottes Kraft.
    Du betest nicht im luftleeren Raum. Dein Gebet kommt aus der Person, die du bist, und aus der Beziehung, die du zu Gott und zu anderen Menschen hast. Das heißt nicht, daß du aufhören sollst zu beten, weil du dich leer oder unzulänglich fühlst. Wenn du weißt, daß der Glaube fehlt, dann bitte Gott, dir zu zeigen, was den Fluß der »Ströme lebendigen Wassers« aus deinem Herzen hemmt.
    Er wird vielleicht auf einen von vielen Gründen hinweisen: eine schlechte Beziehung, Lieblosigkeiten, Selbstsucht, mangelnden Lobpreis, Ängstlichkeit, mangelndes Geben oder auf einen von vielen anderen Gründen. Dinge wie diese sind es, die der Herr oft ›aussortiert‹ während der Zeit des ›Wartens‹ auf die Erfüllung einer Gebets-Verheißung.
    Wahrscheinlich hättest du – wie ich – gerne jedesmal, wenn du betest, eine ›Raketen-Antwort‹. Oft sind aber die ›Schildkröten‹ weit wertvoller – nicht nur, weil Gott den Glauben in uns aufbaut, während wir fortfahren, ihm zu vertrauen, sondern auch deshalb, weil er die Gelegenheit benützt, viele Dinge in unserem Leben auszusortieren.

Der Mensch ist kompliziert, und ein Problem kann leicht so viele andere in unserem Leben beeinflussen. Es ist allgemein anerkannt, daß ein hohes Maß an körperlichen Erkrankungen durch seelische Belastungen verschiedener Art hervorgerufen wird. Es ist sicherlich wahr, daß geistliche Krankheit unsere körperliche und emotionale Heilung verhindern kann. Deshalb müssen wir immer, wenn wir zum Herrn kommen und etwas erhalten wollen, bereit sein, zuerst zu geben. Wir müssen sowohl die Sünde, das Versagen, den Zweifel, die Leere, die Spannung, die Sorge, die gestörten Beziehungen abgeben, als auch uns selbst in positiver Weise darbringen.

Gott fordert nicht von uns, daß wir eine Stufe geistlicher Vollkommenheit erreichen, bevor er uns beschenkt. Aber er verlangt von uns, daß wir offen und ehrlich zu ihm sind und ihn Unrechtes vergeben und in Ordnung bringen lassen. Er nimmt uns an, wie wir sind, und verwandelt uns so, wie er uns haben möchte.

Unglaube ist der Grund dafür, daß so viele Gebete kraftlos und unfruchtbar erscheinen. Mangelnde Liebe zu Gott oder Menschen hat eine ähnliche Wirkung. Gott will immer an das Herz der Sache herankommen – und das ist oft unser eigenes Herz.

Was aus dem Menschen herauskommt, das macht den Menschen unrein; denn von innen, aus dem Herzen der Menschen, kommen heraus böse Gedanken, Unzucht, Diebstahl, Mord, Ehebruch, Habgier, Bosheit, Arglist, Ausschweifung, Mißgunst, Lästerung, Hochmut, Unvernunft. Alle diese bösen Dinge kommen von innen heraus und machen den Menschen unrein (Mk. 7,20–23).

Diese Aufzählung enthält Dinge, die ganz offensichtlich schlecht sind, und andere, die zwar gesellschaftlich eher akzeptabel sind, aber dennoch uns – und deshalb auch die Kraft unseres Glaubens und Betens – verderben.

Vergleiche diese Aufzählung mit dem, was Paulus die Frucht des Geistes nennt: »Liebe, Freude, Friede, Langmut, Freundlichkeit, Güte, Treue, Sanftmut und Selbstbeherrschung.« Das sind die Qualitäten, die Gott in unserem Leben hervorbringen will, die er aus unserem Herzen fließen sehen möchte. Frucht wächst, und diese besondere Frucht wächst nur durch das Wirken des Heiligen Geistes in Gottes Kindern.

Halte dein neues Herz, das du durch den Neuen Bund bekommen hast, rein vor Gott, so daß die Ströme von lebendigem Wasser ungehindert fließen können. Dann wird Gott in dir die Frucht hervorbringen, die er sehen möchte, vor allem die Liebe und den Glauben, die Auswirkungen seines Geistes in dir sind. Komme immer wieder zum Kreuz zurück und schmecke die Liebe, Barmherzigkeit und Vergebung deines gütigen Vaters. Sei dir bewußt, daß er es ist, der dich mit der Bereitwilligkeit und Kraft ausstatten wird, damit du liebevoll, mitfühlend und dienstbereit auf andere Menschen zugehen kannst und dich bereitwillig und freudig hingibst, um deinen Vater zu erfreuen und das Werk seines Reiches hier auf Erden zu fördern.

Dein Glaubenswort:
»Wenn wir uns untereinander lieben, so bleibt Gott in uns, und seine Liebe ist in uns vollkommen.«

Kapitel 30
Lobpreis

Mit dem Geist erfüllt sein heißt, mit dem Lob Gottes erfüllt zu sein. Denn Lobpreis ist einer jener »Ströme lebendigen Wassers«, die aus deinem Herzen fließen.

David

Mit Glauben bitten, wird im Zusammenhang des Lobpreises geschehen. David sagt:

Lobe den Herrn, meine Seele, und was in mir ist, seinen heiligen Namen! Lobe den Herrn, meine Seele, und vergiß nicht, was er dir Gutes getan hat: der dir alle deine Sünden vergibt und heilet alle deine Gebrechen, der dein Leben vom Verderben erlöst, der dich krönet mit Gnade und Barmherzigkeit, der deinen Mund fröhlich macht, und du wieder jung wirst wie ein Adler (Ps. 103,1−5).

David wußte, daß der Herr, den er lobte und pries, der Gott war, der in seinem Leben handelte. Er betete kein entferntes Wesen an, dem seine Nöte fremd waren. Alles in ihm rief im Lobpreis dem lebendigen Gott zu, weil er die Vergebung und Heilung des Herrn kannte, seine Liebe, Gnade und Erlösung und seine ewige Güte seinen Kindern gegenüber.

David wußte nicht nur um Gottes Liebe zu ihm, sondern auch um seine Liebe zu seinem ganzen Volk. Er fordert *dich* auf, Gott zu loben und auf all seine Segnungen zu achten, denn:

Er vergibt dir all *deine* Sünde.
Er heilt all *deine* Gebrechen.
Er erlöst *dein* Leben vom Verderben und von der tiefsten Dunkelheit.
Er krönt *dich* mit seiner vollkommenen Liebe und Barmherzigkeit.
Er macht *deinen* Mund fröhlich und sättigt *dich* dein Leben lang mit seinen Gaben!

David sprach diese Worte nicht leichtfertig. Er wußte, was es heißt, geplagt, verfolgt, bedrückt und von allen Seiten von Feinden umgeben zu sein und sich von Gott getrennt zu fühlen, als ob seine Gebete nicht erhört würden. Und wie reagierte er unter solchen Umständen? Er PREIST Gott.

Ich will den Herrn loben allezeit; sein Lob soll immerdar in meinem Munde sein. Meine Seele soll sich rühmen des Herrn, daß es die Elenden hören und sich freuen. Preiset mit mir den Herrn und laßt uns miteinander seinen Namen erhöhen! (Ps. 34,2—4).

Auch hier spricht er nicht nur von seinem eigenen Verhalten. Aus seiner Erfahrung mit dem Wirken Gottes heraus ruft er die Bedrückten und Geplagten auf, mit ihm in den Lobpreis einzustimmen: »Preiset mit mir den Herrn und laßt uns miteinander seinen Namen erhöhen«, denn er weiß, daß Gott Gebet erhört. Er befreit sein Volk von Angst und rettet sie aus aller Not.

Als ich den Herrn suchte, antwortete er mir und errettete mich aus aller meiner Furcht. Die auf ihn sehen, werden strahlen vor Freude, und ihr Angesicht soll nicht schamrot werden. Als einer im Elend rief, hörte der Herr und half ihm aus allen seinen Nöten (Ps. 34,5—7).

David wußte, was Not ist. Sein Leben war voll davon. Er kannte auch die Treue seines Gottes: »Der Gerechte muß viel erleiden, aber aus alledem hilft ihm der Herr« (V. 20).

Das ist eine Aussage des Glaubens. Sie beruht auf seiner eigenen Erfahrung des Festhaltens am Wort seines Gottes, auch wenn alle Umstände um ihn herum auf die Katastrophe hinzusteuern schienen. Psalm 71 dient als gutes Beispiel:

Herr, ich traue auf dich, laß mich nimmermehr zuschanden werden.
  Errette mich durch deine Gerechtigkeit und hilf mir heraus, neige deine Ohren zu mir und hilf mir!
  Sei mir ein starker Hort, zu dem ich immer fliehen kann, der du zugesagt hast, mir zu helfen; denn du bist mein Fels und meine Burg.
  Mein Gott, hilf mir aus der Hand des Gottlosen, aus der Hand des Ungerechten und Tyrannen.
  Denn du bist meine Zuversicht, Herr, mein Gott, meine Hoffnung von meiner Jugend an.

Auf dich habe ich mich verlassen vom Mutterleib an; du hast mich aus meiner Mutter Leibe gezogen.
Dich rühme ich immerdar (Ps. 71, 1—6).

Bitten und Preisen gehören für David zusammen. Er scheut sich nicht, sich auf Gott zu verlassen, zu ihm zu kommen und offen und ehrlich seine Not darzulegen. Er betrachtet die Situation nicht als hoffnungslos, weil er die Kraft und Treue Gottes kennt. Er hört nicht auf die Zweifel, die gegen ihn geschleudert werden, sondern er weiß, daß der Herr seine Zuversicht ist.

Meine Feinde reden über mich, und die auf mich lauern, beraten sich miteinander und sprechen: Gott hat ihn verlassen; jagt ihm nach und ergreift ihn, denn da ist kein Erretter! (V. 10f.).

Davids Antwort ist: »Ich aber will immer harren und mehren deinen Ruhm« (V. 14). Gott hat die Herrschaft über sein Leben nicht verloren. David gehört ihm. »Du lässest mich erfahren viele und große Angst und machst mich wieder lebendig und holst mich wieder herauf aus den Tiefen der Erde« (V. 20). Und der Psalm endet in einer Stimmung des Triumphes:

So will auch ich dir danken mit Saitenspiel für deine Treue, mein Gott; ich will dir zur Harfe lobsingen, du Heiliger Israels.
Meine Lippen und meine Seele, die du erlöst hast, sollen fröhlich sein und dir lobsingen.
Auch meine Zunge soll täglich reden von deiner Gerechtigkeit; denn zu Schmach und Schande werden, die mein Unglück suchen (V. 22—24).

Das sind Worte des Glaubens, denn sie zeigen, daß David an den Sieg glaubte, der noch nicht geschehen war! Während er betete, glaubte er, daß er ihn empfangen hatte, und wußte, daß es geschehen würde. Deshalb ist sein Herz voll Lobpreis, weil er weiß, daß Gott handeln wird, um ihn vor seinen Feinden zu retten.

Die Psalmen sind reich an Inspiration und Ermutigung zum Glauben. Sie verbergen nicht vor uns die tiefen Sehnsüchte des Herzens oder die unmöglichste Situation. Und doch sind sie durchzogen vom Lobpreis für den treuen Gott der unerschütterlichen Liebe.

David betete glaubensvoll auf die Weise, die Jesus Jahrhunderte später seine Jünger lehren sollte. Er spricht zu den ›Bergen‹:

Weichet von mir, alle Übeltäter; denn der Herr hört mein Weinen. Der Herr hört mein Flehen; mein Gebet nimmt der Herr an. Es sollen alle meine Feinde zuschanden werden und sehr erschrecken; sie sollen umkehren und zuschanden werden plötzlich (Ps. 6,9—11).

Wie konnte David so sicher sein, wo doch die Umstände solch optimistischem Glauben zu widersprechen schienen? GOTT HATTE EINEN BUND MIT IHM GESCHLOSSEN.

Die Gnade aber des Herrn währt von Ewigkeit zu Ewigkeit über denen, die ihn fürchten, und seine Gerechtigkeit auf Kindeskind bei denen, die seinen Bund halten und gedenken an seine Gebote, daß sie danach tun (Ps. 103, 17f.).
　　Er gedenkt ewiglich an seinen Bund, an das Wort, das er verheißen hat für tausend Geschlechter (Ps. 105,8).

Und David dachte an die Bundesverheißungen, die Gott ihm gegeben hatte. Der Herr sagte:

Aber meine Gnade will ich nicht von ihm wenden und meine Treue nicht brechen. Ich will meinen Bund nicht entheiligen und nicht ändern, was aus meinem Munde gegangen ist (Ps. 89,34f.).

Wir sind die neuen Bundes-Kinder Gottes. Er wird treu zu jeder Verheißung stehen, die er uns durch Jesus gegeben hat. Er wird den Bund, der in seinem Blut besteht, nicht verletzen. Er wird nicht ein Wort von dem ändern, was sein Sohn sprach. Deshalb können wir uns mit Kühnheit und Vertrauen unserem Vater nähern in dem Wissen, daß es seine Absicht ist, uns zu erhören, zu heilen und zu retten, um das Wort Jesu zu erfüllen: »Was ihr bitten werdet in meinem Namen, das will ich tun.«
　　Wir können mit Lobpreis zu Gott kommen und wissen, daß er treu zu seinem Wort stehen und seine Liebe zu uns niemals nachlassen wird.

Die Urgemeinde

Die Gemeinde in Jerusalem, die frisch mit dem Heiligen Geist erfüllt war, kam täglich zusammen, »lobten Gott und fanden Wohlwollen beim ganzen Volk«. Zu dieser Zeit »geschahen auch viele Wunder und Zeichen durch die Apostel« (siehe Apg. 2,43—47). Der Glaube führte dazu, daß Gottes Kraft unter ihnen freigesetzt wurde.

Und durch den Glauben an seinen Namen hat sein Name diesen, den ihr seht und kennt, stark gemacht; und der Glaube, der durch ihn (Jesus) gewirkt ist, hat diesem die Gesundheit gegeben vor euer aller Augen (Apg. 3,16).

Sogar im Gefängnis »beteten Paulus und Silas und lobten Gott«. Und was bewirkte die Verknüpfung von Gebet und Lobpreis?

Plötzlich aber geschah ein großes Erdbeben, so daß die Grundmauern des Gefängnisses wankten. Und sogleich öffneten sich alle Türen, und von allen fielen die Fesseln ab (Apg. 16,26).

Wenn du betest, dann bitte mit Lobpreis und Dank, weil all deine Bedürfnisse in Jesus schon gestillt sind. Seinen Lobpreis im Epheserbrief, Kapitel eins, beginnt Paulus mit den Worten:

Gelobt sei Gott, der Vater unseres Herrn Jesus Christus, der uns gesegnet hat mit allem geistlichen Segen im Himmel durch Christus (V. 3).

Er *hat* uns gesegnet. In dem Maße, wie wir im Glauben zu unserem Vater kommen, eignen wir uns an, was er uns durch seinen kostbaren Sohn schon zur Verfügung gestellt hat, »der überschwenglich tun kann über alles hinaus, was wir bitten oder verstehen, nach der Kraft, die in uns wirkt« (Eph. 3,20).

Viele Christen haben entdeckt, daß Gott zu preisen nicht nur heißt, mit dem Mund Hymnen oder Psalmen zu singen. Diese Tätigkeit geht in vielen Kirchengebäuden vor sich, ohne jemals die Höhe wirklicher Anbetung zu erreichen.

Lobpreis beginnt tief in unserem Inneren. Wenn sie mit dem Heiligen Geist erfüllt worden sind, erleben viele Menschen den Lobpreis, der aus dem Herzen fließt und sie in die Gesellschaft der himmlischen Heerscharen erhebt, die mit unaufhörlichem Lob den Thron Gottes umgeben.

So laßt uns nun durch ihn (Jesus) Gott allezeit das Lobopfer darbringen, das ist die Frucht der Lippen, die seinen Namen bekennen (Hebr. 13,15).

Egal, wie die Situation aussieht – der Strom des Lobpreises muß unaufhörlich fließen, weil Gott immer würdig ist, gelobt zu werden. Wenn wir zu ihm kommen, um etwas zu erbitten, kommen wir zu dem einen, der Lobpreis und Anbetung verdient. Und wenn wir ihn lieben, wird das unsere Freude sein.

Manche Leute sagen, sie fühlen sich als Heuchler, wenn sie Gott preisen oder anbeten, ohne »sich danach zu fühlen«. Das soll andeuten, daß er nur dann gepriesen werden sollte, wenn wir die richtigen Gefühle haben. Das ist offensichtlich nicht richtig, denn obwohl Gefühle von einem Augenblick zum anderen schwanken können, ändert Gott sich nie. Jesus ist derselbe »gestern, heute und in Ewigkeit«.

Gott der Vater und Gott der Sohn sind immer würdig, in der Kraft Gottes, des Heiligen Geistes, gepriesen zu werden.

Der Wert des Sprachengebetes

Der Heilige Geist kommt dir zu Hilfe, wenn du dich unfähig fühlst zu preisen. Du kannst die Gebetssprache – oder das Sprachengebet – gebrauchen, die dir der Heilige Geist gibt. Während du dem Geist erlaubst, auf diese Weise in dir und durch dich zu beten, wird er deine Aufmerksamkeit auf den Herrn richten. Wenn du anfängst zu beten, magst du dich noch selbst bemitleiden, aber einige Minuten später wirst du mit Ehrfurcht und Staunen erfüllt sein in dem Bewußtsein, daß du anbetend vor dem Thron Gottes stehst.

Es ist die Sprache der Anbetung, weil es die Sprache des Geistes ist. Weil du die Worte nicht verstehst, die du beim Sprachengebet aussprichst, ist es leicht, diese Gabe zu bagatellisieren.

Wir sollten keine Gabe Gottes unterschätzen. Paulus achtete sie hoch. »Ich wünschte, daß ihr alle in Sprachen des Geistes reden könntet«, sagt er den Korinthern (1. Kor. 14,5; Gute Nachricht). »Ich danke Gott, daß ich mehr als ihr alle in Sprachen des Geistes rede« (V. 18; GN). Es war ihm jedoch wichtig, sie den richtigen Gebrauch dieser Gabe *in der Öffentlichkeit* zu lehren: »Also, meine Brüder, nach der prophetischen Rede sollt ihr wetteifern und das Reden in himmlischen Sprachen nicht hindern« (V. 39; Wilckens). Während des Verlaufs der öffentlichen Anbetung ist es besser, die Gabe der Prophetie zu gebrauchen, weil durch sie Gott zu seinen Leuten in ihrer Muttersprache spricht, die alle ohne weiteres verstehen können.

Paulus verunglimpft jedoch nicht die Gabe des Sprachengebets – alles andere als das. Er schätzt sie hoch und gebrauchte sie offensichtlich in beträchtlichem Ausmaß in seinem persönlichen Gebet und Lobpreis. »Ich will beten mit dem Geist und will auch beten mit dem Verstand; ich will Psalmen singen mit dem Geist und will auch Psalmen singen mit dem Verstand« (V. 13–15).

Gib dich im Lobpreis hin

Wir können nicht über das Gebet des Glaubens sprechen, ohne all das zu sehen, was Gott zu diesem Zweck für uns bereitgestellt hat. Wir können ihn mit dem Verstand und mit dem Geist anbeten. Lobpreis baut den Glauben auf, weil er unsere Aufmerksamkeit von den ›Bergen‹ weg und auf den einen lenkt, der die Macht hat, sie zu versetzen. Lobpreis setzt in der jeweiligen Situation Gottes Kraft frei, wo zuvor vielleicht nur Furcht oder Verzweiflung war.

Viele Menschen, die Heilung suchen, gehen von einem Heilungsgottesdienst zum anderen und hoffen, Erhörung zu finden. Ihre Not kann leicht ihre ganze Aufmerksamkeit beanspruchen. Immer wenn sie beten, verweilen sie lange Zeit bei ihrem eigenen Problem.

Ich weiß von vielen Menschen, die ihre Heilung dann bekamen, als sie sie am wenigsten erwarteten. Während sie an einer Versammlung teilnahmen, bei der die Anwesenden frei waren, ihre Anbetung und ihren Lobpreis »im Geist« auszudrücken, wurden sie so vom Lobpreis mitgerissen, daß sie ihre Nöte vollkommen vergaßen. Sie gaben sich einfach in der Anbetung dem Herrn hin, dessen Gegenwart so real ist. Danach entdeckten sie, daß die Heilung stattgefunden hat, ohne daß irgend jemand für sie speziell gebetet hätte.

Jesus sagte, »geben ist seliger als nehmen«. Im Gebet empfängst du. Lobpreis heißt, Gott die Liebe und Verehrung unseres Herzens zu geben, egal, wie unsere Gefühle oder die Umstände aussehen, in denen wir uns gerade befinden. Und er schenkt uns seine Gegenwart. »Betet allezeit mit Bitten und Flehen im Geist« (Eph. 6,18).

Paulus sprach davon, wie wichtig es ist, sich am Herrn zu freuen, ihn zu preisen und ihm zu danken, egal, wie die Umstände sind. »Seid allezeit fröhlich, betet ohne Unterlaß, seid dankbar in allen Dingen; denn das ist der Wille Gottes in Christus Jesus an euch« (1. Thess. 5,16–18). »Freuet euch in dem Herrn allewege, und abermals sage ich: Freuet euch!« (Phil. 4,4).

Es wird viele Gelegenheiten geben, in denen dir nicht danach zumute ist, dich zu freuen. Das Allerletzte, was du dann tun *möchtest*, ist – den Herrn zu preisen. Das sind Momente, in denen du es *nötig* hast, ihn zu preisen. Das mag große Anstrengung erfordern, du mußt dich manchmal wirklich dazu zwingen. Aber ich werde nie aufhören, darüber zu staunen, wie Lobpreis eine Situation verändert. Die Berge sehen kleiner aus! Und Gott erscheint so viel größer!

Judas faßt viel von dem zusammen, was wir über das Gebet des Glaubens entdeckt haben:

Ihr aber, meine Lieben, erbaut euch auf euren allerheiligsten Glauben, und betet im heiligen Geist, und erhaltet euch in der Liebe Gottes, und wartet auf die Barmherzigkeit unseres Herrn Jesus Christus zum ewigen Leben (Judas 20f.).

Diese Verse verbinden die Worte ›Glaube‹, ›beten‹, ›Heiliger Geist‹, ›Liebe‹, ›warten‹ und ›Barmherzigkeit‹ miteinander.

Durch seinen Heiligen Geist will Gott in dir den Glauben bestärken. Er will dich lehren, mit Glauben zu beten und auf seine Verheißungen zu vertrauen. Er will, daß dieser Glaube und dieses Gebet aus einem Herzen kommen, das voller Lobpreis und Liebe zu ihm ist. Er will, daß du lernst, geduldig zu warten, bis du die Erfüllung der Verheißung siehst, daß Gott dir – seinem geliebten Kind – tatsächlich Barmherzigkeit erwiesen hat.

Dein Glaubenswort:
»Lobe den Herrn, meine Seele, und was in mir ist, seinen heiligen Namen.«

Kapitel 31
In großer Not

Meine lieben Brüder, erachtet es für lauter Freude, wenn ihr in mancherlei Anfechtungen fallt, und wißt, daß euer Glaube, wenn er bewährt ist, Geduld wirkt. Die Geduld aber soll ihr Werk tun bis ans Ende, damit ihr vollkommen und unversehrt seid und kein Mangel an euch sei (Jak. 1,2–4).

Es ist nicht leicht, Prüfungen und Schwierigkeiten mit einem Gefühl der Freude zu begrüßen. Viel eher wirst du dich ärgerlich, bitter und aufgebracht fühlen – sogar Gott gegenüber, weil er solche Anfechtungen in deinem Leben zuläßt. Aber Jakobus weiß: Gott läßt diese Dinge geschehen, damit unser Glaube auferbaut und standhaft, zuverlässig gemacht wird – wie die Liebe Gottes zu uns. Eines der wichtigsten menschlichen Erfordernisse besteht darin, diese Liebe Gottes mitten im Unglück zu entdecken. Der Prophet Habakuk zeigt seinen Glauben im Angesicht großer Not:

Da wird der Feigenbaum nicht grünen, und es wird kein Gewächs sein an den Weinstöcken. Der Ertrag des Ölbaums bleibt aus, und die Äcker bringen keine Nahrung; Schafe werden aus den Hürden gerissen, und in den Ställen werden keine Rinder sein. Aber ich will mich freuen des Herrn und fröhlich sein in Gott, meinem Heil. Denn der Herr ist meine Kraft, er wird meine Füße machen wie Hirschfüße und wird mich über die Höhen führen (Hab. 3, 17–19).

Gott ist *dein* Vater, egal wie schlimm die Lage aussieht. Jesus ist *dein* Retter, egal, wie hoffnungslos die Situation ist. Der Heilige Geist füllt *dein* Leben, und du kannst niemals von der Gegenwart Gottes *in* dir getrennt werden, nicht einmal in der schrecklichsten Lage.

Da du ein neutestamentliches Kind Gottes bist, ist er dein Vater, dein Retter, dein Berater und dein Herr.

Die Güte des Herrn ist's, daß wir nicht gar aus sind, seine Barmherzigkeit hat noch kein Ende, sondern sie ist alle Morgen neu, und deine

Treue ist groß. Der Herr ist mein Teil, spricht meine Seele; darum will ich auf ihn hoffen. Denn der Herr ist freundlich dem, der auf ihn harrt, und dem Menschen, der nach ihm fragt (Klagelieder 3,22–25).

Hiob

Der Satan bekam von Gott die Erlaubnis, Hiobs Glauben zu prüfen. Hiob wird geschildert als »fromm und rechtschaffen, gottesfürchtig und meidet das Böse« (1,8). Er verlor seine Rinder, Schafe, Kamele, Knechte und sogar seine Kinder. Und doch, »in diesem allen sündigte Hiob nicht und tat nichts Törichtes wider Gott« (1,22).

Dann wurde Hiob starkem körperlichem Leiden unterworfen, und doch »versündigte sich Hiob nicht mit seinen Lippen« (2,10). Drei Freunde kamen, um ihn zu »trösten«. Sie »saßen mit ihm auf der Erde sieben Tage und sieben Nächte und redeten nichts mit ihm; denn sie sahen, daß der Schmerz sehr groß war« (2,13). Dann gingen sie dazu über, ihm ein Kapitel guter Ratschläge nach dem anderen zu geben.

Dieser Knecht Gottes war das Ziel eines dreifachen Bombardements:
1. Er litt wegen all dem, was der Satan ihm, seinen Angehörigen und seinem Besitz antat.
2. Er litt unter der Kritik seiner Freunde, die ihm sagten, daß er selbst an allem schuld sei, was über ihn gekommen war.
3. Er litt als Folge seiner eigenen Furcht: »Denn was ich gefürchtet habe, ist über mich gekommen, und wovor mir graute, hat mich getroffen« (3,25). Er hatte Schwierigkeiten erwartet, und er bekam sie!

Gott verspricht uns nicht ein Leben ohne Leiden und Heimsuchungen. Aber in Jesus hat er uns den Sieg über alle Werke des Satans gegeben. Der Herr wird den Menschen, der auf ihn traut, niemals im Stich lassen.

Hiob konnte nicht mehr auf seinen Reichtum, die Liebe seiner Kinder oder den nutzlosen Rat seiner Freunde vertrauen. Er mußte sein Vertrauen ganz allein auf Gott setzen. Er sagte zum Herrn: »Ich erkenne, daß du alles vermagst, und nichts, das du dir vorgenommen hast, ist dir zu schwer« (42,2).

Und Gott erwies sich als treu gegen seinen Knecht. »Und der Herr wandte das Geschick Hiobs, als er für seine Freunde Fürbitte tat. Und der Herr gab Hiob doppelt soviel, wie er gehabt hatte« (42,10).

Sogar in seinem Mangel und Verlust brachte Hiob zuerst Gebet für seine Freunde dar, obwohl sie mit all ihren Ratschlägen so unnütz gewesen waren. Und dann gab Gott ihm »doppelt soviel, wie er gehabt hatte«.

In einer Zeit großer Schwierigkeiten und Belastungen ist es nicht leicht, im Glauben auszuharren. Es scheint, als ob unsere Schreie der Verzweiflung von Gott ungehört verhallten. Es gibt Freunde mit Ratschlägen, aber ohne Kraft, die Umstände zu verändern. Und doch ist unser Bundesgott unseren Nöten gegenüber weder taub noch blind.

Josef

Josef hatte zwei Träume, die klar darauf hinwiesen, daß er über seine elf Brüder, die alle älter als er waren, »herrschen« würde. Alles, was Josef von diesem Augenblick an passierte, schien das Gegenteil anzudeuten. Die älteren Brüder beschlossen erst, ihn zu töten, und später, ihn zu verkaufen. Das war wohl kaum die Erfüllung der Verheißung, die Josef in seinem Traum bekommen hatte!

Er wird in das weit entfernte Ägypten gebracht, wo er als Diener verkauft wird. Wegen einer falschen Beschuldigung durch die Frau seines Meisters wird er ins Gefängnis geworfen. Ist das die Erfüllung der Verheißung? Es scheint, als ob der Gott der Gerechtigkeit ihn verlassen und ganz und gar vergessen hätte. Soll er den Umständen glauben oder dem Traum, den er bekommen hatte?

Wie kannst du im Glauben ausharren, wenn du dich fühlst, als ob man dich in ein tiefes Loch geworfen hätte, wenn Menschen dich ungerecht behandeln oder du dich in deiner Situation gefangen fühlst? Josef mußte sich durch all die widrigen Umstände kämpfen, bevor er die Verheißung erfüllt sah.

Das Gebet des Geistes

Wenn die Zeiten hart sind und wir es wirklich schwer finden zu sehen, wie Gott bei dem Problem den Durchbruch bringen wird, dann »hilft auch der Geist unsrer Schwachheit auf. Denn wir wissen nicht, was wir beten sollen, wie sich's gebührt« (Röm. 8,26).

Der Geist will den Sieg des Vaters in jeder Situation. Es gibt Zeiten, in denen wir nicht wissen, was wir mit unserem Verstand beten sollen.

Dann werden wir »mit dem Geist« beten müssen, indem wir die Sprache gebrauchen, die Gott uns zur Verfügung stellt. Durch diese Gabe inspiriert der Geist die richtigen Worte für die jeweilige Situation, wenn du sie auch nicht verstehen kannst. Die Antwort auf die Not geht über deinen Horizont hinaus. Kein Problem jedoch übersteigt das Verständnis des Heiligen Geistes, und er wird durch dich die richtigen Worte beten. Wenn du in anderen Sprachen gebetet hast, dann betest du wieder in deiner Muttersprache und bittest Gott um die Auslegung zu dem Gebet, das dir der Geist gegeben hat. Auf diese Weise unterrichtet der Geist deinen Verstand, so daß er ›fruchtbar‹ wird. Du weißt klarer, wofür du beten sollst, und verstehst die Situation besser.

Wenn du mit dem Heiligen Geist erfüllt worden bist, ist die Gabe des Sprachengebets eines der Hilfsmittel, die Gott für dich bereitgestellt hat. Verschwende sie nicht, denn jede Gabe des Heiligen Geistes ist kostbar.

Auch wenn du glaubst, daß dein Verstand die Situation voll erfaßt, ist es gut, die Sprache des Geistes zu gebrauchen. Denn Gottes Weisheit ist unendlich größer als die deine. Der Geist weiß immer das beste Gebet. Paulus sagt:

Ich will beten mit dem Geist und will auch beten mit dem Verstand; ich will Psalmen singen mit dem Geist und will auch Psalmen singen mit dem Verstand (1. Kor. 14,15).

Nicht: Geist *oder* Verstand, sondern: Geist *und* Verstand. »Betet allezeit mit Bitten und Flehen im Geist« (Eph. 6,18).

Seufzen

»Der Geist selbst vertritt uns mit unaussprechlichem Seufzen« (Röm. 8,26). In den Tiefen unserer Verzweiflung betet er für uns – nicht nur im Himmel, sondern in uns. Der Heilige Geist will uns zum Vater führen, zu seiner Liebe und zu seinen Verheißungen. Er will den Glauben in uns erwecken, daß – egal, wie schwarz die Situation auch aussieht – Gott sein Wort einlösen wird, wenn wir unser Vertrauen auf ihn setzen.

Wir wissen aber, daß denen, die Gott lieben, alle Dinge zum Besten dienen, denen, die nach seinem Ratschluß berufen sind (Röm. 8,28).

Es wird viele Situationen geben, in denen du die Absicht Gottes nicht verstehen kannst. Du kannst nicht einsehen, warum er dieses besondere Problem auftreten ließ.

Wenn du fortfährst, auf ihn zu schauen, dich auf die Dinge des Geistes zu besinnen, den Geist in dir, durch dich und für dich beten zu lassen und an den Verheißungen deines treuen Vaters festzuhalten, dann wirst du seine Hand am Werk sehen, wie er Probleme löst und dich seine Absichten verstehen läßt.

Der auch seinen eigenen Sohn nicht verschont hat, sondern hat ihn für uns alle dahingegeben – wie sollte er uns mit ihm nicht alles schenken? (Röm. 8,32).

Es spielt keine Rolle, wie die Situation beschaffen ist.

Aber in dem allen überwinden wir weit durch den, der uns geliebt hat. Denn ich bin gewiß, daß weder Tod noch Leben, weder Engel noch Mächte noch Gewalten, weder Gegenwärtiges noch Zukünftiges... uns scheiden kann von der Liebe Gottes, die in Christus Jesus ist, unserem Herrn (Röm. 8,37–39).

Und diese Liebe ist die Liebe, die gibt, die Liebe, die umsorgt, die Liebe, die heilt, die Liebe, die uns da begegnen wird, wo es schmerzt, wo die Not ist.

Wenn die Zeiten schwierig sind, ist es schwer zu glauben und an den Verheißungen festzuhalten. Denke daran, nichts kann DICH von der Liebe Gottes in Christus Jesus, deinem Herrn, trennen. NICHTS! »Weder Gegenwärtiges noch Zukünftiges.« NICHTS!

Wenn Gott spricht, versäumt er es nicht, sein Wort zu halten. Josef wurde gerechtfertigt, stieg im Staat auf bis an die zweite Stelle nach dem Pharao selbst, und während der Hungersnot empfing er seine Brüder, die sich vor ihm beugten und darum baten, Nahrung kaufen zu dürfen. Wie bei Hiob verwandelte der Herr sein Unglück in große Segnungen und Reichtümer.

Gott wird dich durch dein Problem hindurchführen zu seinem prächtigen Ziel, das dahinter liegt.

Dein Glaubenswort:
»Die Güte des Herrn ist's, daß wir nicht gar aus sind, seine Barmherzigkeit hat noch kein Ende.«

Kapitel 32
Die Familie des Glaubens

Gott wünscht, daß seine Kinder eins sind, einander lieben und einander ermutigen. Er möchte, daß einer die Last des anderen trägt, daß sie sich miteinander freuen und miteinander weinen. Jesus betete für all die, die in der Zukunft an ihn glauben würden, daß »sie vollkommen eins seien und die Welt erkenne, daß du mich gesandt hast und sie liebst, wie du mich liebst« (Joh. 17,23).

Diese Liebe wird nicht durch unsere Predigten oder Lehren in Erscheinung treten, sondern durch die Qualität unseres Zusammenlebens, das die Welt sieht, besonders in zwei Aspekten: die Art, wie wir einander lieben, und die Art, wie wir zusammen glauben, daß Gott unsere Gebete erhört.

Die Klarheit der Liebe des Vaters zu Jesus wurde in ihrer liebevollen Beziehung zueinander sichtbar und in der Weise, wie der Vater die Worte und Gebete seines Sohnes erfüllte, indem er seine Werke durch ihn vollbrachte. Kein einzelner Mensch wird die vollkommene Liebe und Kraft Jesu widerspiegeln. Die, die an ihn glauben, sind in den Leib Christi eingepflanzt. Durch diesen Leib sollen die Liebe, das Leben und die Kraft des Herrn der Welt dargereicht werden.

Die Einheit unter Christen wird in der Schrift immer wieder betont. Als Glieder des Leibes Christi sind wir »Glieder voneinander«. Wir »gehören zueinander«. Wir sind »eine Person in Christus Jesus«. Wir sind »Reben« am Weinstock, so daß der Saft des Geistes Gottes von Rebe zu Rebe fließen und uns fruchtbar machen kann.

Miteinander glauben

Deshalb überrascht es nicht, daß Jesus über das gemeinsame Gebet im Glauben sprach:

Weiter sage ich euch: <u>Alles</u>, was zwei von euch auf Erden gemeinsam erbitten, <u>werden sie</u> von meinem himmlischen Vater <u>erhalten</u> (Mt. 18,19; Einheitsübersetzung).

Da ist dieses Wort wieder: ›ALLES‹! Nicht ›einige Dinge‹ oder ›ein paar Dinge‹, oder gar ›viele Dinge‹, sondern ALLES!

Jesus meint damit nicht, wenn zwei von euch das gleiche wörtliche Gebet gemeinsam sprechen. Es kommt nicht auf die Worte an, sondern auf den Glauben in den Herzen derer, die beten.

Er meint auch nicht, daß einer betet und alle anderen dann am Schluß ›Amen‹ sagen. Dabei gibt es vielleicht gelegentlich gar keine Einheit des Glaubens.

Jesus meint, wenn zwei von euch eins werden, »in meinem Namen« zu beten — daß ihr einig werdet, so zu beten, als ob Jesus selbst bitten würde, mit seinem Glauben und seiner Erwartung, daß ihr es empfangen habt. Das »werden sie von meinem himmlischen Vater erhalten«.

Es kann sehr wertvoll sein, das Gebet des Glaubens mit anderen gemeinsam zu beten, die mit dir glauben werden, bis du die Verheißung erfüllt siehst. Gemeinsam könnt ihr die Zweifel abweisen, wenn sie euch angreifen, und euch weigern, den Umständen gegen die Verheißungen eures liebevollen und treuen Vaters zu glauben. Miteinander glauben!

»Denn wo zwei oder drei versammelt sind in meinem Namen, da bin ich mitten unter ihnen« (Mt. 18,20). Wenn ihr in seinem Namen versammelt seid, ist Jesus gegenwärtig, um mit euch zu beten, und ihr mit ihm. Seine Gegenwart kann in euren Herzen Glauben und Erwartung erwecken, während ihr zusammen mit ihm auf euren Vater schaut. In diesem Gebet werdet ihr eins mit Jesus. UND ER WIRD EINS MIT EUCH.

Miteinander reden

Es muß noch einmal betont werden, wie wichtig es für Christen sein kann — ob sie nun zu zweit und zu dritt oder in größeren Gruppen beten —, daß sie zuerst miteinander reden, bevor sie beten; daß sie über das reden, was sie glauben, daß Gott in Erwiderung auf ihre Gebete tun wird. So entdecken sie, was ihr Glaube und ihre Erwartung ist — oder sein sollte.

Vielleicht wird das bedeuten, daß die Glieder der Gruppen einander einen geistlichen Dienst tun müssen. Vielleicht werden manche Zweifel bekennen und zum Herrn bringen müssen. Er verdammt uns nicht wegen unserer Zweifel. Ihm ist vor allem anderen wichtig, daß wir bereit sind, vor ihm offen und ehrlich zu sein.

Wenn eine große Gruppe von Menschen (z. B. eine ganze Gemeinde) zusammen betet, ist es offensichtlich nicht immer möglich, so zu verfahren. Aber die verantwortlichen Leiter eines Anbetungsgottesdienstes oder einer größeren Gebetsversammlung sollten niemals den Glauben von der Art, von der Jesus spricht, einfach voraussetzen. Bei manchen Anlässen sollte eine ganz kurze Zeit der Lehre möglich sein, die die Versammelten daran erinnert, daß sie Kinder des Neuen Bundes sind und zu ihrem Vater aufschauen, daß er seine Verheißungen erfüllt. Dann kann noch eine kurze Zeit folgen, in der die Anwesenden ihre Ängste, Sorgen und Zweifel in der Stille zum Herrn bringen können, bevor sie miteinander das Gebet des Glaubens beten.

Einigen wird man versichern müssen, daß irgendwelche Zweifel, die sie plagen mögen, das Gebet nicht ›verderben‹ werden. Jesus sagt: »Wenn ZWEI unter euch eins werden ...«, nicht eine ganze Versammlung! Je bestimmter der Glaube ist, desto größer wird die Gebetskraft dieser Gruppe sein.

Mit Glauben beten kann man am besten in kleinen Gruppen lernen, wenn man sich ungezwungen in einer Privatwohnung trifft. Da wirst du dich entspannter und eher in der Lage fühlen, deine Ängste und Zweifel, deine Probleme und Nöte zu äußern. In solchen Gruppen kann man am besten lernen, die Verheißungen in sich ›aufzunehmen‹ (siehe Kapitel 10). Bei solchen Gelegenheiten kann man am besten lernen, das Gebet des Glaubens sowohl miteinander und füreinander als auch für andere außerhalb der Gruppe zu beten. Anstatt zu beten und dann »das Beste zu hoffen«, könnt ihr beginnen, miteinander zu glauben und einander zu ermutigen, während ihr auf die ›Schildkröten-Antworten‹ wartet.

Gebetserhörungen

Ob in der Versammlung oder in der Gebetsgruppe, in großem oder kleinem, formellem oder ungezwungenem Rahmen – ermutigt euch gegenseitig, indem ihr Woche für Woche eure Gebetserhörungen austauscht. Während der Glaube der Versammlung oder Gruppe wächst, wird es größere und zahlreichere Erhörungen geben, für die man zu danken hat. Dieser Glaube wird abhängig sein von der Offenheit der Gruppe gegenüber dem Glauben weckenden Wirken des Heiligen Geistes, denn es ist sein Amt, die Worte und Verheißungen Jesu unserem Herzen zu bezeugen.

Aber auch erhörtes Gebet stärkt den Glauben. Wenn wir sehen, wie Gott treu ist, sogar unseren ›kleinen Glauben‹ zu belohnen, lernen wir, ihm in größeren und bedeutenderen Dingen zu vertrauen. Du lernst sogar, ihm wegen deiner eigenen Nöte zu vertrauen. Diese Gebetserhörungen sind auch ein Zeugnis für Außenstehende. Sie bezeugen die Tatsache, daß Gott seine Leute wirklich liebt und für sie sorgt, indem er ihre Bedürfnisse stillt.

Wenn es in einer Versammlung ›Jesus-Glauben‹ gibt, wird es nicht möglich sein, jede Gebetserhörung bekanntzugeben. Man wird einige auswählen müssen, nicht nur aus den großen Wundern, sondern auch aus den Antworten auf alltägliche Bedürfnisse. Sie werden jene ermutigen, die gerade auf dem Weg des Glaubens anfangen. Sie werden verstehen, daß Gott sich auch mit alltäglichen Problemen und Situationen beschäftigt. Er geht nicht nur mit großen Wundern um! Man sollte auf der einen Seite überspannte Ansprüche, auf der anderen Seite auch Kleinlichkeiten vermeiden.

Es braucht keine längere Zeit für persönliche Zeugnisse zu geben. Der Leiter kann einfach Gott danken für die eingetroffenen Gebetserhörungen und nur dann ein paar kurze Einzelheiten berichten, wenn es angebracht ist. Und denke daran — ›Schildkröten-Antworten‹ sind genauso wichtig wie ›Raketen‹ und werden die ermutigen, die gerade warten.

Der Leib Christi im Dienst

Leidet jemand unter euch, der bete;
ist jemand guten Mutes, der singe Psalmen.
  Ist jemand unter euch krank, der rufe zu sich die Ältesten der Gemeinde, daß sie über ihm beten und ihn salben mit Öl in dem Namen des Herrn. Und das Gebet des Glaubens wird dem Kranken helfen, und der Herr wird ihn aufrichten; und wenn er Sünden getan hat, wird ihm vergeben werden.
  Bekennt also einander eure Sünden und betet füreinander, daß ihr gesund werdet.
  Des Gerechten Gebet vermag viel, wenn es ernstlich ist (Jak. 5,13—16).

Wer leidet, soll beten — natürlich mit Glauben, wie Jesus lehrt. Wer fröhlich ist, soll Loblieder singen.

Die Kranken sollen um Gebetsdienst bitten, damit sie geheilt werden — haufenweise gute Ratschläge und Unmengen von Mitleid sind überflüssig. Das Gebet des Glaubens wird dem Kranken helfen. Der Herr wird ihn von seinem Krankenbett aufrichten.

Jakobus zeichnet uns ein gutes Bild von der ›Familie des Glaubens‹ in Aktion, wie sie miteinander beten und einander im Glauben dienen. Es ist ein preisendes Volk, in dem einer dem anderen offen und ehrlich seine Fehler bekennt und um die Vergebung Gottes weiß.

Kein Wunder, daß wir unseren Weg schwierig finden, wenn wir versuchen, ihn allein zu gehen. Gott hat uns mit einer Gemeinschaft von Glaubenden versorgt, damit wir gemeinsam zum Herrn kommen und die Erfüllung seiner Verheißungen erleben. Das Traurige ist, daß dieses Bild von der betenden, glaubenden und dienenden Kirche sich so sehr von dem unterscheidet, was man heute oft finden kann.

Es gibt Gemeinden, die oft für die Kranken beten, aber nicht unbedingt verstehen, was es heißt, das Gebet des Glaubens zu beten, das den Kranken heilen wird. Manche wissen nichts von den Quellen des Heiligen Geistes, die ihnen zur Verfügung stehen, um sie zu wirkungsvollem Beten zu befähigen.

Kranke Menschen kämpfen oft allein und rufen nicht die Ältesten. Vielleicht glauben sie nicht, daß irgend etwas geschähe, wenn sie es täten. Vielleicht wüßten die Ältesten auch gar nicht, was sie tun sollen, wenn sie gerufen würden.

Wir brauchen nicht zu verzweifeln! Gott hat seine Kirche nicht aufgegeben, und er wird es auch nie tun. Wenn es in deiner Ortsgemeinde keine ›glaubensvolle‹ Gemeinschaft gibt, die dich unterstützen kann, dann halte dich am letzten Satz dieses Textes fest: »Des Gerechten Gebet vermag viel, wenn es ernstlich ist.«

Das heilende Sakrament

Warum gibt es so viel Krankheit unter Christen? Paulus gibt den Korinthern eine Antwort darauf: weil sie nicht an die Kraft Jesu im heiligen Sakrament seines Leibes und Blutes glauben — in der ›heiligen Kommunion‹ oder dem ›Abendmahl‹.

Denn wer so ißt und trinkt, daß er den Leib des Herrn nicht achtet, der ißt und trinkt sich selber zum Gericht. Darum sind auch viele Schwache und Kranke unter euch, und nicht wenige sind entschlafen (1. Kor. 11,29—30).

Sie glaubten nicht den Worten: »Das ist mein Leib, der für euch gegeben wird.« »Dieser Kelch ist der neue Bund in meinem Blut.«

Wenn sie ihnen geglaubt hätten, wären sie richtig vorbereitet gekommen und nicht mit der gleichgültigen Haltung, die sie offensichtlich hatten. Paulus warnt sie deshalb:

Wer nun unwürdig von diesem Brot ißt oder aus dem Kelch des Herrn trinkt, der wird schuldig sein am Leib und Blut des Herrn. Der Mensch prüfe aber sich selbst, und so esse er von diesem Brot und trinke aus diesem Kelch (1. Kor. 11,27f.).

Das Sakrament war nicht ein Stück Magie, das automatisch ihre Probleme gelöst und ihre Bedürfnisse gestillt hätte. Man mußte mit Glauben herantreten.

Im Sakrament der heiligen Kommunion haben wir die Gelegenheit, den Leib und das Blut des Herrn zu ›achten‹ oder zu ›unterscheiden‹. Wenn wir es nur als Gedenkzeichen eines vergangenen Ereignisses betrachten, wird es leblos und kraftlos erscheinen. Wenn wir aber glauben, daß Jesus auf irgendeine verborgene Weise seinen Kindern seine Gegenwart übermittelt, dann haben wir die Gelegenheit zu glauben, daß wir die Heilung und das Leben, das wir brauchen, empfangen werden als Erwiderung auf unser Gebet des Glaubens.

Das Abendmahl kann für dich eine Begegnung mit dem Herrn sein. Es gibt dir die Möglichkeit, dich von neuem dem Herrn darzubringen. (Das Opfergebet geht immer der Austeilung von Brot und Wein voraus – das Geben vor dem Empfangen!) Es ist der ideale Zeitpunkt für dich, dein Gebet des Glaubens zu beten und es mit dem »neuen Bund in meinem Blut« besiegeln zu lassen.

Es ist der Zeitpunkt, bei dem nicht nur du zu Jesus kommst. Auch er kommt und schenkt sich dir von neuem in der Weise, in der du ihn brauchst, um sein Leben in deine Not zu bringen.

Für deine Bedürfnisse in Zeiten der Krankheit, in denen es äußerst schwierig ist zu beten, hat der Herr fürsorglich die sakramentalen Handlungen des Händeauflegens, der Krankensalbung und der heiligen Kommunion eingerichtet, die er dir durch seinen Leib auf Erden darreicht. Mache vollen Gebrauch von ihnen, denn Gott hat dir durch sie viel zu geben.

Dein Glaubenswort:
»Wenn zwei unter euch eins werden auf Erden, worum sie bitten wollen, so soll es ihnen widerfahren von meinem Vater im Himmel.«

Kapitel 33
Eine aufregende Zukunft

Jeder von uns muß der Zukunft ins Auge sehen. Es ist besser, wenn du das im Vertrauen auf Jesu Worte tust, als daß du das Opfer deiner eigenen Ängste und Zweifel wirst. Glaube heißt, einem Herrn zu vertrauen, den du nicht siehst, daß er Dinge vollbringt, die bis jetzt unsichtbar sind.

Es ist aber der Glaube eine feste Zuversicht auf das, was man hofft, und ein Nichtzweifeln an dem, was man nicht sieht (Hebr. 11,1).

Die ›Zuversicht‹ auf das, was man hofft. Wenn du betest, wünschst du, daß Gott das tut, worum du bittest. Das ist deine Hoffnung. Die Hoffnung wird zu Glauben, wenn du diese Zuversicht in deinem Herzen hast, daß Gott es tun wird. Denn:
  Du bist sein neutestamentliches Kind;
  er liebt dich und will dich beschenken;
  er wird seine Verheißungen halten;
  er wird in der Erhörung deiner Gebete verherrlicht werden;
  er will, daß »deine Freude vollkommen wird«.
  Glaube ist »ein Nichtzweifeln an dem, was man nicht sieht«, die Gewißheit in deinem Herzen. Obwohl du zum Zeitpunkt des Gebetes die Erhörung noch nicht sehen kannst, siehst du sie doch mit den Augen des Glaubens. Es wird geschehen. Gott wird es tun.
  Jesus sagte zu Thomas:

Weil du mich gesehen hast, Thomas, darum glaubst du. Selig sind, die nicht sehen und doch glauben! (Joh. 20,29).

Ich habe nicht behauptet, daß es immer leicht sei im Glauben zu leben. Aber es ist aufregend.
  Oft wirst du das Gefühl haben, daß Gott von dir verlangt, aus dem Boot heraus aufs Wasser zu treten. Wenn du dein Vertrauen auf ihn behältst, wird es wie Fels unter deinen Füßen sein. Jakobus sagt: »So ist auch der Glaube, wenn er nicht Werke hat, tot in sich selber« (Jak. 2,17). Das sind die Werke des Glaubens, von denen er spricht.
  Wie Noah, Abraham, Mose und all die Männer des Glaubens in der

Bibel wird der Herr auch dich auffordern, Dinge zu tun, die deinen Glauben prüfen, ausweiten und stärken werden. Als ein Kind des Neuen Bundes bist du zum Gehorsam gegen den Herrn verpflichtet. Nicht nur dein Glaube wird geprüft werden, sondern auch dein Gehorsam. Und das bedeutet, daß Gott sieht, ob du ihn wirklich liebst.

Die Flut kam erst, nachdem Noah im Glauben die Arche gebaut hatte.

Abraham erhielt sein Erbe nicht, bevor er Gott gehorcht und sein Heimatland verlassen hatte.

Naeman, der Befehlshaber der syrischen Armee, wurde nicht eher von seinem Aussatz geheilt, bis er sich gehorsam siebenmal im Jordan gewaschen hatte.

Elia forderte die Baalspriester zu der Auseinandersetzung am Berg Karmel heraus, weil er dem Wort des Herrn an ihn vertraute, daß er Regen senden würde.

Schadrach, Meschach und Abednego behaupteten fest, »unser Gott kann uns aus dem glühenden Ofen erretten«, bevor Nebukadnezar sie in die Flammen werfen ließ.

Jesus forderte die zehn Aussätzigen auf, zu gehen und sich den Priestern zu zeigen, und sie wurden geheilt, während sie seiner Anweisung gehorchten.

Der blinde Mann im Johannesevangelium, Kapitel neun, bekam sein Augenlicht nicht, bevor er im Gehorsam gegen Jesus gegangen war und sich im Teich Siloah gewaschen hatte.

Und so weiter. Die Beispiele des Glaubens in der Bibel sind unzählig. Aber es gibt diese gemeinsamen Züge: die Männer des Glaubens hörten auf die Worte Gottes und seines Sohnes und gehorchten ihnen. Sie setzten ihr Vertrauen lieber auf ihn, als den Umständen zu glauben, die oft hoffnungslos aussahen.

Es ist dieser ›Wandel im Glauben‹, zu dem Jesus dich ruft. Er wird dich nicht über dein Glaubensvermögen hinaus prüfen. Aber er will dir zeigen, wieviel mehr du von seinem Wirken in deinem Leben sehen kannst, wenn du diesen Glauben, den er dir bereits gegeben hat, voll anwendest.

Oft wirst du die Hände in den Schoß legen wollen und dem Herrn vorschlagen, daß er die ganze Sache für dich bewerkstelligt. Und genau so oft wird er dir zeigen, daß die Probleme nur gelöst werden, wenn du zuerst im Glauben »aussteigst«, dem gehorchst, was er sagt, und beweist, was du ihm wirklich zutraust.

Vor dir

Ja, viele aufregende Zeiten liegen vor dir, wenn du das Gebet des Glaubens betest. Viele Zeiten der Prüfung. Viele wundervolle Erlebnisse, wenn du die Treue deines Vaters siehst.

Es wird einige Fehlschläge geben – immer dann, wenn du es nicht fertigbringst zu vertrauen und zu glauben; immer, wenn du aufhörst zu geben und wieder in den Wunsch zurückfällst, nur zu empfangen; immer, wenn du der Sünde und dem Ungehorsam erlaubst, deine Beziehung zu Gott zu verderben; immer, wenn du es versäumst, anderen zu vergeben.

Gott wird sogar diese Fehlschläge benützen. Ich danke ihm, daß er mich versagen läßt, wann immer ich mein Vertrauen auf mich selbst, statt auf ihn, setze. Meine Mißerfolge weisen darauf hin, wie nötig ich es habe, in meinem Geben großzügiger und voll Glauben zu sein. Ich danke ihm, weil er die Gelegenheit benützen kann, auf ein Stück Ungehorsam in meinem Leben hinzuweisen oder auf etwas, was ihm noch nicht vollständig ausgeliefert ist. Oder es gibt etwas, was ich mit einem anderen Menschen in Ordnung bringen muß.

Gott erhört nicht nur die Gebete von geistlichen Riesen, sondern auch von gewöhnlichen Leuten wie uns – nämlich von denen, die bereit sind, sich ihm hinzugeben und für ihn zu leben.

Wenn du die in Kapitel acht skizzierte Übung noch nicht gemacht hast, dann geh zurück und lies sie noch einmal. Gib Gott alles, dann kannst du erwartungsvoll vertrauen, daß er dir alles geben wird.

Das Vertrauen, das Menschen in die Person Jesu setzen, daß er heilt und Nöte beseitigt, war hoch während seines Erdenlebens. Es wäre leicht für uns zu sagen, daß der Grad des Glaubens heutzutage nicht so hoch ist und daß wir deshalb nicht so viele augenblickliche Wunder sehen. Es ist etwas Wahres an dieser Behauptung, was durch die Zahl von Menschen bestätigt wird, die auf der Stelle geheilt werden in Gottesdiensten, in denen ihr Glaube an Jesu augenblickliches Handeln angeregt wurde.

Ich hätte von vielen tatsächlichen Heilungen und Gebetserhörungen berichten können, von denen viele unverzüglich eintraten. Aus zwei Gründen habe ich das nicht getan. Erstens, nicht jeder bekommt sofortige Antworten, und die ›Schildkröten‹ sind so wichtig wie die ›Raketen‹. Zweitens, die Beispiele für die Lehre dieses Buches müssen aus deinem eigenen Leben kommen. Es müssen die Antworten sein, die Gott *dir* auf *deine* Gebete gibt.

Schreibe mir und erzähle mir davon, sie werden mich ermutigen. Gebetserhörungen ermutigen immer.

Ich versuche selbst, das auszuleben, was ich hier geschrieben habe, und ich könnte dir von vielen wunderbaren Gaben erzählen, die ich von meinem Vater bekommen habe – einige große Dinge, viele kleinere. Aber ich werde sie nicht erzählen.

Was ich mit dir teilen will, ist das Ringen, durch das ich manchmal gehe, wenn ich an den Verheißungen festhalte und nichts zu geschehen scheint, wenn alles danebenzugehen scheint. Es ist ein Kampf, den man oft nicht mit anderen teilen kann. Aber er geht tief im Inneren weiter.

Und doch ist da auch immer die freudige Erregung, wenn der Geist Gottes die Worte Jesu meinem Herzen versichert im Angesicht all der Schwierigkeiten. Wir werden sie noch einmal miteinander durchgehen:

Was ihr bitten werdet in meinem Namen, das will ich tun, damit der Vater verherrlicht werde im Sohn (Joh. 14,13).

Was ihr mich bitten werdet in meinem Namen, das will ich tun (Joh. 14,14).

Wenn ihr in mir bleibt und meine Worte in euch bleiben, werdet ihr bitten, was ihr wollt, und es wird euch widerfahren (Joh. 15,7).

Wahrlich, wahrlich, ich sage euch: Wenn ihr den Vater etwas bitten werdet, so wird er's euch geben in meinem Namen (Joh. 16,23).

bittet, so werdet ihr nehmen, daß eure Freude vollkommen sei (Joh. 16,24).

Alles, was ihr bittet in eurem Gebet, glaubt nur, daß ihr's empfangt, so wird's euch zuteil werden (Mk. 11,24).

Bittet, so wird euch gegeben (Mt. 7,7).

Wahrlich, ich sage euch auch: Wenn zwei unter euch eins werden auf Erden, worum sie bitten wollen, so soll es ihnen widerfahren von meinem Vater im Himmel (Mt. 18,19).

Alles, was ihr bittet im Gebet, wenn ihr glaubt, so werdet ihr's empfangen (Mt. 21,22).

Es kann keinen Zweifel geben, daß es Gottes Absicht ist, dir zu geben, was immer du im Glauben bittest. Es SOLL IHNEN WIDERFAH-

REN. ES WIRD EUCH GEGEBEN. Immer und immer wieder wiederholt Jesus die gleiche Verheißung.

Preise Gott für all die augenblicklichen Gebetserhörungen. Preise ihn auch für all die, die treues, geduldiges Ausharren mit sich bringen, bis die Verheißung erfüllt ist.

Und noch einmal müssen wir fest bekräftigen, daß Jesus sagt, ›was‹ oder ›alles, was‹ ihr bittet, oder ›wenn ihr etwas‹ bittet:

<u>Was</u> ihr bitten werdet in meinem Namen ... (Joh. 14,13).
<u>Was</u> ihr mich bitten werdet ... (Joh. 14,14).
... werdet ihr bitten, <u>was ihr wollt</u> ... (Joh. 15,7).
... wenn ihr den Vater <u>etwas</u> bitten werdet ... (Joh. 16,23).
<u>Alles,</u> was ihr bittet in eurem Gebet ... (Mk. 11,24).
... wenn zwei unter euch eins werden auf Erden, <u>worum</u> sie bitten wollen ... (Mt. 18,19).
<u>Alles,</u> was ihr bittet im Gebet ... (Mt. 21,22).

Jesus verspricht, ALLE deine Gebete des Glaubens zu erhören. Jedes einzelne!

Ich habe gerade vorhin gesagt, daß mich Gebetserhörungen ermutigen, und das tun sie auch. Aber ich muß ehrlich sagen, daß mich die Verheißungen Jesu noch mehr ermutigen. Denn es gibt immer noch mehr, was wir von unserem Vater erhalten können. Und das bedeutet, es gibt noch mehr Gelegenheiten, zuerst zu geben und meinen Glauben vertiefen, ausdehnen und vergrößern zu lassen – und jene Verheißungen noch vollständiger in meinem Leben erfüllt zu sehen.

Gebrauche dieses Buch

Jetzt, da du dieses Buch gelesen hast, lies es immer wieder von vorne durch. Nimm dir bei jedem Kapitel Zeit, dir die Lehre einzuverleiben und die Glaubensworte in dich aufzunehmen, damit sie ein Teil von dir werden. Laß diese Worte in deinem Bittgebet arbeiten.

Wenn du es nützlich gefunden hast, dann gib dieses Buch weiter. Es gibt viele Menschen in deiner Umgebung, die es nötig haben, daß Gott sie erhört – christliche Freunde, Menschen, die du in der Kirche triffst, deine Nachbarn, deine Kollegen und deine Nächsten zu Hause.

Das Wort ›geben‹ wird für dich sehr wichtig sein, während du lernst, mit Glauben zu beten. Benütze jede Gelegenheit zum Geben und erwarte, daß Gott dir zurückgibt »ein volles, gedrücktes, gerütteltes und überfließendes Maß«.

Trachtet zuerst nach dem Reich Gottes und nach seiner Gerechtigkeit, so wird euch das alles zufallen (Mt. 6,33).

Es ist umwerfend, aber es ist wahr. Gott liebt dich und will dir sein Bestes geben. »Was IHR mich bitten werdet in meinem Namen, das will ich tun« (Joh. 14,14).

Ja, IHR!

Dein Glaubenswort:
»Trachtet zuerst nach dem Reich Gottes und nach seiner Gerechtigkeit, so wird euch das alles zufallen.«

Anhang
Deine Glaubensworte

1. »Was ihr mich bitten werdet in meinem Namen, das will ich tun.«
2. »Er tat alles, was ihm der Herr gebot.«
3. »Sollte dem Herrn etwas unmöglich sein?«
4. »Ich will euer Gott sein, und ihr sollt mein Volk sein.«
5. »Aber du, mein Gott, vergabst und warst gnädig, barmherzig, geduldig und von großer Güte.«
6. »Ich will euch ein neues Herz und einen neuen Geist in euch geben.«
7. »Ich bin mit Christus gekreuzigt.«
8. »Ich lebe, doch nun nicht ich, sondern Christus lebt in mir.«
9. »Ich will meinen Geist in euch geben, und ihr sollt leben.«
10. »Himmel und Erde werden vergehen; aber meine Worte werden nicht vergehen.«
11. »Meine Worte ... sind das Leben denen, die sie finden, und heilsam ihrem ganzen Leibe.«
12. »Weil du in meinen Augen so wert geachtet und auch herrlich bist und weil ich dich lieb habe.«
13. »Wenn ihr in mir bleibt, und meine Worte in euch bleiben, werdet ihr bitten, was ihr wollt, und es wird euch widerfahren.«
14. »Nicht ihr habt mich erwählt, sondern ich habe euch erwählt und bestimmt, daß ihr hingeht und Frucht bringt und eure Frucht bleibt, damit, wenn ihr den Vater bittet in meinem Namen, er's euch gebe.«
15. »Habt Glauben an Gott.«
16. »Nichts wird für dich unmöglich sein.«
17. »Alles, was ihr bittet in eurem Gebet, glaubt nur, daß ihr's empfangt, so wird's euch zuteil werden.«
18. »Es wird dir zuteil werden.« »Du wirst es empfangen.« »Es wird dir geschehen.«
19. »Und was ihr bitten werdet in meinem Namen, das will ich tun.«
20. »Bittet, so werdet ihr empfangen, damit eure Freude vollkommen wird.«
21. »Euer Vater weiß, was ihr bedürft, bevor ihr ihn bittet.«
22. »Geh hin; dir geschehe, wie du geglaubt hast.«

23. »Er hat unsre Schwachheit auf sich genommen, und unsre Krankheit hat er getragen.«
24. »Sei getrost, mein Sohn, deine Sünden sind dir vergeben.« »Sei getrost, meine Tochter, dein Glaube hat dir geholfen.«
25. »Glaubst du, daß ich das tun kann?«
26. »So bist du nun nicht mehr Knecht, sondern Kind; wenn aber Kind, dann auch Erbe durch Gott.«
27. »Gebt, so wird euch gegeben. Ein volles, gedrücktes, gerütteltes und überfließendes Maß wird man in euren Schoß geben; denn eben mit dem Maß, mit dem ihr meßt, wird man euch wieder messen.«
28. »Das Wort hören und behalten in einem feinen, guten Herzen und Frucht bringen in Geduld.«
29. »Wenn wir uns untereinander lieben, so bleibt Gott in uns, und seine Liebe ist in uns vollkommen.«
30. »Lobe den Herrn, meine Seele, und was in mir ist, seinen heiligen Namen.«
31. »Die Güte des Herrn ist's, daß wir nicht gar aus sind, seine Barmherzigkeit hat noch kein Ende.«
32. »Wenn zwei unter euch eins werden auf Erden, worum sie bitten wollen, so soll es ihnen widerfahren von meinem Vater im Himmel.«
33. »Trachtet zuerst nach dem Reich Gottes und nach seiner Gerechtigkeit, so wird euch das alles zufallen.«

Vollmächtige Evangelisation muß sich in Zeichen und Wundern, im Gebrauch der Gaben, besonders die der Heilung und des Wortes der Erkenntnis, erweisen. Diese herausfordernde Sicht vertritt John Wimber in dem vorliegenden Buch. Wimbers Dienst spiegelt diese Kraft und Vollmacht eines geisterfüllten Lebens wieder.

Der kalifornische Pastor sagt es unzweideutig: Gottes Vollmacht wartet nur darauf, durch seinen Heiligen Geist freigesetzt zu werden. Wimber fordert alle Christen dazu auf, sich für das übernatürliche Wirken Gottes zu öffnen. Erst eine solche Bereitschaft ist der Schlüssel dazu, daß Gottes Macht in Zeichen und Wundern sichtbar wird. Sowohl im Leben einzelner Christen wie in Gemeinschaft. Wimber entwickelt diese radikale Sicht anhand biblischer Berichte und Erfahrungen der Kirchenväter.

John Wimber ist Begründer und Pastor der Vineyard Fellowship in Kalifornien. Er lehrt als Dozent am Fuller Seminar in Pasadena, Kalifornien, hauptsächlich über »Gemeindewachstum« und »Zeichen und Wunder«.

JOHN WIMBER + KEVIN SPRINGER
VOLLMÄCHTIGE EVANGELISATION
Zeichen und Wunder heute
Vorwort von Wolfram Kopfermann
192 Seiten, Pb
ISBN 3-925352-05-8

Projektion J Verlag GmbH, Postfach 1380, D-6203 Hochheim

DAVID WATSON
JÜNGERSCHAFT

Die Christen im Westen - so behauptet David Watson - haben größtenteils die Sicht für wahre Jüngerschaft verloren. Die Mehrheit aller westlichen Christen gehen zur Kirche, füllen die Kirchenbänke, singen christliche Lieder, hören sich Predigten an und lesen in der Bibel. Sie sind sogar wiedergeborene und geisterfüllte Christen, doch keine wahren Jünger Jesu. Wenn wir bereit wären, die Bedeutung echter Jüngerschaft zu verstehen und richtige Jünger Jesu zu werden, so würde die Kirche des Westens vollkommen verwandelt, und die Auswirkungen auf unsere Gesellschaft wären unermeßlich.
Dies ist keine leere Behauptung. Diese Ereignisse werden aus dem ersten Jahrhundert bezeugt.
Der Ruf zur Jüngerschaft ist ein Ruf zur göttlich verheißenen Herrlichkeit. Die Zeit drängt - und wir sind dazu berufen, ein Leben zur Ehre Gottes zu führen. Die Zeit drängt - sie läßt uns keinen Raum für religiöse Spielerei. David Watson war einige Jahre Pastor der St.-Michael-le-Belfrey-Kirche in York, England, und Direktor des dazugehörigen Seminars. Bis zu seinem Tod im Frühjahr 1984 war er für interkonfessionelle Seminararbeit freigestellt.

256 S., Pb
ISBN 3-9800258-6-1

COLIN URQUHART
VERZEHRENDES FEUER

Viele Christen beten um geistliche Erweckung, verkennen aber die Tatsache, daß dieser Prozeß bei und in ihnen selbst beginnen muß. Der Heilige Geist muß mit seinem reinigenden Feuer in das Leben der Christen eingreifen, damit seine Liebe und Macht in ganz frischer Weise für andere freigesetzt werden kann.
Urquhart beschreibt ein »heiliges« Leben, das Christen führen können - nicht völlig abgehoben von der Realität, sondern tief verwurzelt in der Liebe Gottes, die uns die Freiheit gibt, nach den Maßstäben Gottes zu handeln und zu leben.

ISBN 3-925352-02-3
184 S., Pb

Projektion J Verlag GmbH, Postfach 1380, D-6203 Hochheim

Projektion J - Missionswerk e.V. Hochheim stellt sich vor

PJ möchte

Menschen auf die Grundlagen des christlichen Glaubens hinweisen; sie zu einer geistlichen Verantwortung für das kirchliche und gesellschaftliche Leben heranführen; keine neue kirchliche Organisation oder Gemeinde gründen, sondern neue, lebensnahe Impulse in allen Kirchen fördern und zu geistlicher Erneuerung beitragen.

PJ veranstaltet

in Verbindung mit örtlichen Kirchengemeinden oder anderen kirchlichen Organisationen: Glaubensseminare, Schulungen für kirchliche Mitarbeiter, Jugendprogramme und -freizeiten, Musik- und Konzertabende, Gottesdienste; in eigener PJ-Verantwortung: missionarische Veranstaltungen. Jugendtagungen und Jugendlager, Familientagungen, Konzerte und Tourneen, den PJ-Gästeabend an jedem Sonntag in Hochheim.

PJ konzentriert sich

auf eine konstruktive Zusammenarbeit mit anderen Gruppen, Organisationen, Kirchen und Gemeinden und arbeitet im Rahmen der Geistlichen Gemeinde-Erneuerung.

PJ besteht aus

einem Vorstand und einem Mitarbeiterkreis von zur Zeit 3 hauptberuflichen und 18 ehrenamtlichen Mitarbeitern, die jeweils verschiedenen Konfessionen angehören. Der Verein ist als Zivildienststelle anerkannt.

PJ finanziert sich

als ein freies - keiner Kirche, öffentlichrechtlicher oder privatrechtlicher Religionsgesellschaft angegliedertes - Missionswerk aus Spendenbeiträgen von Mitgliedern, Freunden und Förderern des Vereins und seiner missionarischen Arbeit.

Fordern Sie den kostenlosen PJ-Report bei uns an.

Projektion J - Missionswerk e.V.
Postfach 1380 · 6203 Hochheim